U0448430

汉语近义词研究与教学

赵新 洪炜 张静静 著

2014年·北京

图书在版编目(CIP)数据

汉语近义词研究与教学 / 赵新,洪炜,张静静著. —北京:商务印书馆,2014
ISBN 978 - 7 - 100 - 10369 - 5

Ⅰ.①汉… Ⅱ.①赵…②洪…③张… Ⅲ.①汉语—同义词—对外汉语教学—教学研究 Ⅳ.①H195.3

中国版本图书馆 CIP 数据核字(2013)第 249772 号

所有权利保留。
未经许可,不得以任何方式使用。

汉语近义词研究与教学

赵新　洪炜　张静静　著

商务印书馆出版
(北京王府井大街36号　邮政编码 100710)
商务印书馆发行
北京冠中印刷厂印刷
ISBN 978 - 7 - 100 - 10369 - 5

2014 年 11 月第 1 版　　开本 787×1092　1/16
2014 年 11 月北京第 1 次印刷　印张 17¾　插页 1

定价:40.00 元

目 录

前 言 1

上编 近义词的基本问题

本编要目 3
本编概要 4
第一章 近义词研究总论 5
第二章 近义词的界定及分类 18
第三章 近义词的特点 36
第四章 近义词的辨析 43
第五章 近义词辨析专题 76
本编参考文献 129

中编 近义词的习得

本编要目 139
本编概要 141
第六章 近义词偏误类型考察 142
第七章 近义词偏误成因分析 161
第八章 近义词偏误特点分析 178
第九章 语素因素对近义词学习影响的实证研究 183
第十章 不同类型近义词习得难度的实证研究 194

第十一章　近义词语义差异与句法差异习得难度的实证研究　205

本编参考文献　218

下编　近义词的教学

本编要目　223

本编概要　224

第十二章　关于近义词教学的调查与实验　225

第十三章　近义词教学的重点和难点　250

第十四章　近义词教学的策略与方法　263

本编参考文献　274

后　记　277

前　言

在汉语作为第二语言的教学（以下简体称汉语二语教学）中，近义词的差异是学习者疑问最多的问题之一，因为弄不清差异而出现的近义词偏误是他们学习和交际中的主要偏误之一。近义词教学一直是汉语二语教学的难点和重点，为了解决学习者近义词方面的疑问，避免偏误，汉语教师需要花费大量时间和精力，而目前能解决汉语二语教学实际问题的、可以用于汉语二语教学的近义词研究成果十分缺乏。

概括而言，近义词的研究主要存在三大问题：

第一，近义词基本理论问题的研究有局限性。近义词的基本问题包括近义词的界定、近义词与同义词的关系、近义词的分类及特点、近义词的辨析等内容，以往对这些问题的研究是从汉语母语的视角出发的，对汉语二语教学与习得来说，有很大的局限性。

第二，近义词的偏误分析、习得过程、习得规律等方面的研究十分缺乏。第二语言学习者是怎么学习近义词的？会出现哪些偏误？偏误产生的原因是什么？哪些因素会对近义词的习得产生影响？产生什么样的影响？各类近义词的习得难度如何？等等，诸如此类的问题，对于近义词的教学有着极为重要的意义，但目前这方面的研究却很少。

第三，汉语二语近义词教学研究几乎是空白。怎样教近义词？教学中应当采取哪些策略？有哪些具体的方法和技巧？教学效果如何？等等，这些教学的具体问题，仅有一些经验式的泛泛之谈，缺少实证调查和深入分析，缺少科学实用的教学策略与方法。

总之，近义词的研究是现代汉语研究中的薄弱环节，更是汉语二语教学研究中的薄弱环节，远远不能满足教学的需要。迄今为止，国内尚无从第二语言教学角度系统研究汉语近义词的专著。从第二语言教学的角度对汉语近义词进行审视、考察和研究，是教学的迫切需要。

根据汉语二语教学的需要，我们从第二语言教学的角度对汉语近义词进行审视和考察，针对第二语言学习者的特点和需要对近义词进行细致深入的研究，主要内容如下：

上编：近义词基本问题研究。从第二语言教学的视角重新认识与汉语近义词相关的一些基本问题。

中编：近义词习得研究。考察和分析学习者近义词偏误的类型、特点和形成原因；对近义词的习得难度以及影响习得的因素进行实证分析与研究。

下编：近义词教学研究。分析近义词教学的重点和难点；根据教学实验与调查提出近义词教学的相关方法。

本书可以作为对外汉语教师的教学参考书，也可以作为对外汉语教学专业、汉语国际教育专业研究生的教材。本书系统分析了近义词教什么、怎么教，解决了近义词教学的基本问题；并且展示了怎么从二语教学的角度研究近义词，其研究方法可以扩展到词汇和语法研究中，为词汇、语法项目的二语教学研究提供了途径和方法；同时从汉语二语教学这个新的角度对近义词的界定、分类、特点、辨析等基本问题进行了重新认识，对于现代汉语词汇学本体的深入研究，也具有积极的意义。

补充说明一点：本书中引用的偏误例句出自中山大学中介语语料库及留学生作业，为保证语料真实，例句为原始面貌，未做文字改动。

上编 | 近义词的基本问题

本编要目

第一章　近义词研究总论　5
　　第一节　基于二语教学的汉语近义词研究概说　5
　　第二节　基于二语教学的汉语近义词研究综述　8

第二章　近义词的界定及分类　18
　　第一节　近义词与同义词　18
　　第二节　近义词的分类　26

第三章　近义词的特点　36
　　第一节　现代汉语近义词的特点　36
　　第二节　二语教学中汉语近义词的特点　39

第四章　近义词的辨析　43
　　第一节　辨析的步骤　43
　　第二节　辨析的方法　52
　　第三节　辨析的框架　56

第五章　近义词辨析专题　76
　　第一节　表示情态的"极力""竭力""尽力"　76
　　第二节　表示范围的"一概"和"一律"　86
　　第三节　表示时间的"每天"和"天天"　97
　　第四节　表示方向的"向""朝""往"　106
　　第五节　表示条件的"除非"和"只有"　115

本编概要

什么是近义词？什么是同义词？近义词和同义词是什么关系？是应该分开还是合并？

近义词怎么分类？分类的依据是什么？

现代汉语近义词有什么特点？汉语二语教学中的近义词有什么特点？

怎么辨析汉语近义词？辨析的原则是什么？辨析的方法有哪些？通过哪些途径进行辨析？

以上这些问题涉及近义词的界定、分类、特点与辨析，是近义词研究的基本问题。传统关于这些基本问题的研究，一般都是基于汉语母语者的视角，从汉语二语教学来看，有其局限性。

从第二语言教学的视角审视这些问题，会有新的发现和认识。上编从汉语二语教学的角度重新分析近义词研究的基本问题，提出新观点、新认识。

第一章　近义词研究总论

> 基于第二语言教学的汉语近义词研究有哪些主要内容？有什么特点？
>
> 近义词的研究应当运用哪些研究方法？
>
> 以往对近义词进行了哪些研究？研究情况如何？

第一节　基于二语教学的汉语近义词研究概说

一　研究的内容及方法

（一）近义词基本问题研究

第一，近义词的界定、近义词与同义词的关系。从汉语二语教学的角度来审视和分析"什么是近义词""什么是同义词""近义词与同义词是什么关系""近义词与同义词应当分还是应当合"等近义词研究中的基本问题，提出与传统研究不同的新观点，为近义词的分类和分析奠定基础。

第二，近义词的分类。从第二语言教学的角度，依据新的标准，对汉语近义词进行实用而合理的分类，这个分类与传统的分类不同，有利于汉语二语的教学与研究。

第三，近义词的特点。汉语近义词有什么特点？汉语二语教学中的近义词有什么特点？这是近义词研究中的基本问题，以往没有深入研究。本研究结合实例，对这个问题进行分析和说明。

第四，近义词的辨析。讨论分析近义词需要通过哪些途径？有哪些步骤？

有哪些方法？根据教学需要设计具体实用、便于操作的辨析框架。

第五，近义词辨析专题。对一些比较复杂的近义词进行深入细致的专题研究。有些近义词之间的关系比较复杂，差异多，头绪多，是近义词中的难点，需要进行深入细致的研究，才能理清异同。这种专题研究，既可以解决教学和实际应用中的问题，又丰富和深化了汉语本体研究。我们选取了五组比较复杂的近义词进行了专题研究："极力—竭力—尽力""一概——律""每天—天天""向—朝—往""除非—只有"。

近义词基本问题研究常用的方法有归纳法、统计法、对比分析法、替换分析法、语义特征分析法、分布分析法等。

（二）近义词习得研究

第一，近义词偏误分析。大量收集汉语学习者近义词使用中出现的偏误，进行考察和分析，弄清偏误的类型、特点及其产生的原因，以便有针对性地采取措施，减少和消除偏误。

第二，近义词习得难度研究。考察分析汉语学习者习得近义词的特点、规律，弄清影响近义词习得的因素、不同类型近义词的难度差异等，为有效采取措施奠定基础。

习得研究常用的方法有访谈、问卷调查、语料库分析、纸笔测试、反应时实验等。

（三）近义词教学研究

第一，调查和实验。在教学中对近义词学习的相关问题进行充分调查和实验，一方面了解学习者的需求和意见，一方面通过教学实验对教学方法做出评价。

第二，近义词教学的重点和难点。分析近义词教学的重点、难点，以便更有效地进行教学。

第三，近义词教学的策略和方法。根据调查和教学实验总结出具体的、行之有效的策略和方法。

教学研究常用的方法有问卷调查、访谈、教学实验等。

二 研究的特点

传统的近义词研究是基于母语者的词汇研究，目的是为了提高母语者的语文水平，提高语文教学的质量，并促进近义词词典的编纂工作。

基于二语教学的汉语近义词研究，目的是为汉语二语教学服务，为汉语二语学习者服务，帮助他们弄清近义词的异同，使他们尽可能快捷地正确使用近义词，提高汉语词汇学习效率，进而提高汉语水平。

与传统的近义词研究相比，基于第二语言教学的汉语近义词研究有以下特点：

（一）从第二语言学习者视角进行的应用研究

基于二语教学的汉语近义词研究，是应用性研究，注重解决实际问题。一切要从二语学习者的视角出发，从汉语二语教学的实际需要出发，解决学习者学习和交际中的实际问题。如近义词的分类、分析，都要考虑二语学习者的特点和需求，而不是空对空地进行理论探讨。一切从实际需要出发，一切从应用出发，为解决教学中遇到的问题而进行研究。教学是研究的基础和动力，研究促进教学、指导教学。

（二）多角度、全方位的细化研究

首先，突破以往研究内容的局限。20世纪90年代以前的近义词研究，主要集中在同义词与近义词的划分以及分类等几个问题上，别的问题讨论不多。基于汉语二语教学的近义词研究，在研究内容上不再局限于同义词与近义词的划分以及分类，不仅对近义词的界定、分类、辨析等基本问题进行新的探索，还增加了偏误分析、习得研究、教学研究等新内容。

其次，突破以意义为主的局限。传统的近义词研究在讨论这些问题时主要以意义为标准，很少考虑结构、语用等因素，把近义词的问题当作单纯的词汇问题。汉语二语教学中的近义词研究不再局限于意义的分析，而是全面关注意义、句法和语用各个方面。近义词不再仅仅是语义学范畴内的词义学研究的内容，也是语法学、语用学研究的内容；不仅仅是词汇问题，也是语法问题、语用问题。

再次，研究具体细致。相对而言，针对母语者的汉语近义词研究往往比较粗，许多近义词的异同，母语研究中并未进行深入细致分析，只注重说明意的差异；而汉语二语学习者通常需要具体细致的指引才能掌握近义词，因此需要进行细致研究。

（三）研究方法多样化

汉语二语教学中的近义词研究是多角度、全方位的研究，多样化的内容需要多样化的方法。在研究方法上，不仅需要采用传统语言研究的方法，如对比分析法、替换分析法、分布分析法、语义分析法等；还需要采用现代语言学、心理学、教育学、统计学等方面的方法，如问卷调查、访谈、语料库分析、教学实验等。

三 研究的意义

基于二语教学的汉语近义词研究是新视角的、实用的研究，其意义在于：

首先，说明了汉语二语教学中近义词教什么、怎么教。本研究系统考察分析近义词习得和教学中的基本问题，将在一定程度上满足近义词二语教学的需要。

其次，说明了怎样从二语教学角度研究近义词。本研究所用的研究方法可以扩展到词汇和语法研究中，为词汇、语法项目的二语教学研究提供途径和方法。

再次，从第二语言教学这个新的角度对近义词的界定、分类、特点、辨析等基本问题进行了重新认识，这对于现代汉语词汇学本体的深入研究，具有积极的意义。

第二节 基于二语教学的汉语近义词研究综述

现代汉语近义词相当丰富，近义词研究一直是汉语词汇学界的热门课题。20世纪90年代以前的近义词研究主要限于探讨同义词和近义词的区分及分类方面（池昌海，1998），对于具体近义词的深入分析，近义词辨析的途径和方法等问题，虽有涉及，但深度和广度不够。而对于汉语二语学习者的近义词习得与教学等内容，则基本没有涉及。

90年代以后，随着对外汉语教学事业的蓬勃发展和教学实际的需求，针对非本族人的近义词教学研究逐步开始。探寻近义词辨析的具体路径与方法，分析近义词之间的细微差异，总结针对汉语二语学习者的近义词教学方法，以及揭示汉语二语学习者近义词习得的规律等，成为新时期近义词研究的新方向。

一　近义词的界定

在汉语词汇本体研究中，近义词和同义词的区分一直是讨论的热点问题。概括来说，大致有三种观点。一是将同义词与近义词合称同义词，近义词是同义词的主体。持这种观点的最多，如胡裕树（1981），符淮青（2004），黄伯荣、廖序东（2002）等。二是认为近义词和同义词是两种不同的语言现象，应当分开。刘叔新（1980，1982，1992），周荐（1991）等是这种观点的主要支持者。三是将近义词和同义词合称为近义词，如齐沪扬（2007），北京师范大学现代汉语教研室（1982）等。

与本体研究不同，对外汉语教学界倾向于将同义词、近义词合称为近义词，这从近年出版的面向汉语二语学习者的词语辨析词典的命名情况便可看出。这些词典的辨析对象虽包含本体研究中的同义词和近义词，但均命名为"近义词词典"，如邓守信《汉英汉语近义词用法词典》（1994），马燕华、庄莹《汉语近义词词典》（2002），刘乃叔、敖桂华《近义词使用区别》（2003），王还《汉语近义词典》（2005），杨寄洲、贾永芬《1700对近义词语用法对比》（2005），赵新、李英《商务馆学汉语近义词词典》（2009）等。

对外汉语教学界之所以淡化同义词、近义词的界限而主张合称为近义词，与教学中遇到的实际情况相关。对于二语学习者，学习同（近）义词的关键在于弄清词语之间的异同是什么，什么条件下可以互换，什么条件下不能互换。至于哪个是同义词，哪个是近义词，对学习者而言并不重要。因此，把它们看成一个整体更合适。至于合称近义词而不称同义词，则是由于近义词数量多，是主体，且"同义"二字容易让学习者误解为意思完全相同，在表义上不如"近义"清晰明确。

总之，对外汉语教学界对近义词的界定比较宽泛。不少学者如郭志良（1988），赵新、李英（2001，2002），李绍林（2004，2010）等指出，不必限定词性一致、音节数量一致,不必限定于词,只要在理性意义上有一个义项相同或相近的词、短语、格式,均可视为近义词。

近年有学者提出了"易混淆词"的概念,认为面向汉语二语教学的词语辨析不宜固守"同义"或"近义"这类汉语本体研究提供的标尺,而应转换视角,基于中介语词语混用的现实进行"易混淆词"的辨析。所谓"易混淆词",除了包括理性意义基本相同的词(即近义词)以外,还包括读音相同或相近的词、字形相近的词、母语一词多义对应的汉语词等(张博,2005,2007,2008)。这种观点立足于中介语词语混淆现象,有其合理的一面,但用"易混淆词"这一概念来涵盖中介语中所有的词语混淆现象,包含的范围过于庞大,类别过于庞杂,并不利于教学与研究。

二 近义词专题研究

(一)单组近义词的专题研究

传统面向汉语母语者的近义词辨析比较简单,偏重词义的辨析而忽略用法的辨析,这种辨析模式无法满足汉语学习者学习的需求。在汉语二语教学的驱动下,许多学者开始对单组近义词、近义短语进行深入细致研究,并取得了丰富的成果。我们对1987—2011年刊登在《语言教学与研究》《世界汉语教学》《汉语学习》《语言文字应用》《语言研究》《语文研究》六种刊物上的近义词专题辨析文章进行了统计,总体情况如表1-1所示。

表1-1　1987—2011年单组近义词研究情况

	名词	动词	形容词	数量词	代词	副词	介词	连词	助词	近义短语	不同词性	总计
篇数(篇)	15	10	5	7	10	35	3	11	2	16	11	125
所占百分比(%)	12.0	8.0	4.0	5.6	8.0	28.0	2.4	8.8	1.6	12.8	8.8	100

从表1-1可以看出:(1)近义词研究的范围比较宽泛,除了各类词性相同

的近义词外，还包括词性不同的近义词和近义短语。（2）近义副词是研究的热点问题，其文章数量最为丰富，占总数的28.0%。（3）虽然近义形容词、近义动词数量庞大，但对这两类词的专题辨析还比较少。

在单组近义词研究中，有的近义词因在汉语中介语中偏误较多而受到广泛关注。如"刚—刚才"（周小兵，1993；聂建军、尚秀妍，1998；王还，1998），"有点（儿）—一点（儿）"（杨嘉敏，1994；李莺，2001；曹利娟，2011），"能—会—可以"（周小兵，1989；郭志良，1991；渡边丽玲，2000），"一切—所有—全部"（彭小川、严丽明，2007；崔显军，2007）等。

与传统近义词辨析不同的是，这些研究充分考虑到教学中的可操作性，力图寻找出近义词语义和用法上的显性差异，所归纳出的差异规则性强，形式简单明了，便于汉语二语学习者掌握。

（二）同语素不同音节近义词的专题研究

现代汉语中存在大量包含相同语素的、音节数量不同的近义词，如"家—家庭""赏—欣赏""爱—热爱"等。这类近义词由于语义相近且包含相同语素，学习者容易混淆，因此也成为研究的热点之一。

刘春梅（2006）对单、双音节近义名词的差异进行了研究，发现二者在词义上的差别主要表现为个体和集合的关系、词义范围大小不同以及比喻用法的有无；色彩差异主要表现在语体上以及词缀不同带来的感情色彩上；而组合差异主要是接受量词修饰的差异、结合能力的强弱以及组合时是否会受音节数量的限制。

程娟、许晓华（2004）对181对单双音近义动词进行考察，将近义动词分为两大类，认为词位义相同的单双音同义动词差异主要表现在音节制约、句法功能不同等方面，而词位义相近的同义词差异首先表现在意义制约方面，其次才是音节制约、句法功能差异等方面。

李泉（2001）考察了单双音节近义形容词在重叠能力、句法特征和句法功能等方面的异同，并从语言结构内部和外部两个方面对其异同形成的原因进行了探讨。

张言军（2008）则发现单双音节时间副词不仅在修饰对象的音节上存在差

异，在语用移位以及语法功能上也存在差异。

谢红华（2001）从构词能力、语法功能、与介词的结合、与名词的结合及语体色彩五个方面考察了单双音节近义方位词的异同。

（三）以词类为单位的近义词研究

由于不同词类具有各自特殊的语义和句法特点，因此各类近义词辨析的路径也会有所差异。近年来，有学者专门对某一词类近义词的辨析路径进行了探讨。

刘春梅（2006）考察了表物同义名词在词义、色彩、组合搭配方面的差异。词义差异主要体现在所指对象质地构成、外部形态、所处的位置、规模和程度等11个方面；色彩差异主要体现在语体色彩、形象色彩、地域色彩以及外来色彩上；组合搭配的差异主要体现为接受量词修饰的差异、结合能力强弱的差异。

朴德俊（2003）选取了15组近义动词群作为研究对象，以语义、句法、形态、语用等范畴为中心，对近义动词中的及物动词和不及物动词分别设项，指出分析时有必要区分近义动词的普遍性区别特征和非普遍性特征。

章婷（2004）从近义副词对句式要求、音节限制、句中位置选择、与不同成分搭配能力以及风格色彩五个方面系统探讨了汉语二语教学中近义副词的辨析方法和角度。

从以上研究中可以看出，不同词类的近义词虽然存在一些具有个性的差异项目，但仍有不少共性，如在各类实词的辨析时，都要考虑语义焦点、强度、适用范围等；同时还要考虑句法功能、组合搭配以及风格色彩等。

三 近义词辨析理论研究

词汇本体研究中很早便有学者对近义词辨析理论进行探讨，如周祖谟（1962），张志毅（1980）等。近年来，孟祥英（1997），杨寄洲（2004），赵新、刘若云（2005），赵新、李英（2009），胡亮节（2006），吴琳（2008），郝瑜鑫、邢红兵（2010）在本体研究基础上提出了一些针对汉语二语教学的近义词辨析理论框架。如赵新、刘若云（2005），赵新、李英

（2009）在对大量近义词分析基础上提出了一套近义词辨析框架（表1-2），该框架包括语义、句法、语用三个对比项目，每个项目内又分列了多个具体识别因素。

表1-2 近义词辨析框架

对比项目	识别因素	识别子因素
语义对比	语义重点	
	语义强度	A.程度高低；B.语气强弱
	语义适用	A.人/事/物；B.自己/别人；C.个人/集体；D.具体/抽象；E.社会/自然；F.过去/将来
	不同义项	
句法对比	语法特征	A.词性；B.重叠；C.插入成分；D.句法功能
	组合分布	A.句中位置；B.前接成分；C.后接成分；D.音节数量
	句类句型句式	A.陈述句/祈使句/疑问句/感叹句/反问句；B.单句/复句；C."把"字句/"被"字句/肯定句/否定句/比较句……
语用对比	风格特点	A.语体；B.场合
	感情色彩	A.褒义/贬义/中性；B.对上/对下
	地方色彩	南方/北方

这个辨析框架从对比项目到识别因素，再到识别子因素，辨析由大到小，步步深入。特别是从二语教学的角度归纳出一些便于汉语二语学习者识别的具体细目，如适用对象是自己还是别人，自然现象还是社会现象，过去时间还是将来时间，适用句式句型是"把"字句还是"被"字句，肯定句、否定句还是疑问句等。这些识别项目有的是人类共有的认知范畴，有的则有凸显的差异特征，有利于学习者掌握。

吴琳（2008）将双音节实词性近义词的辨析分成三个层次共11个终端项目。第一层次项目序列为"词性→结构→意义→搭配→反义词"。第二个层次从"意义"和"搭配"两方面展开。前者由基础到附加排列两个项目："理性意义→附加意义"；后者由形式到意义排列三个项目："搭配要求→搭配形式→搭配范围"。第三层次涉及第二层次中的"理性意义"和"附加意义"。"理性意义"沿着从核心到非核心的方向排列："核心理性意义→周边理性意义"；"附加意义"则按出现频率由高到低的顺序排列："风格色彩→感情色彩→比喻意义"。

郝瑜鑫、邢红兵（2010）提出了基于语料库和数据库辨析近义词的"三角度"模式。第一是在封闭的语料库内统计出同义词语充当各种句法成分的数量和频率。第二是对具体搭配组合词语的统计排列。最后分析对比语义类型的差异。如作者所言，这三个角度实际上也是辨析一组同义词的三个步骤。

以上几位研究者对汉语作为第二语言教学中近义词的辨析项目进行了条分缕析的说明，特别是赵新、刘若云（2005），赵新、李英（2009）制定的辨析框架新颖细密，层次清楚，操作性强，对推进近义词的二语教学具有重要意义。当然，这些辨析项目是否能够完全满足实际教学需求，还有待进一步检验。

四 近义词习得研究

（一）近义词偏误分析

李珠、王建勤（1987）对北京语言学院60名留学生阅读理解的失误做了调查，结果发现近义词的错误率高达63%。罗青松（1997）对留学生汉语写作考试试卷进行错误率统计，结果发现近义词误用占了词语运用错误的33%。李绍林（2010）对《汉语病句辨析九百例》（程美珍等，1997）中的417例词语偏误进行了统计，发现其中近义词偏误达144例，占全部词语偏误的34%。这三项调查说明近义词确实是汉语二语学习者词汇习得的一大难点。

刘春梅（2007）考察了单双音同义名词的偏误情况，发现二者的偏误分布不平衡。其偏误的主要类型有语义差异引起的偏误、音节限制引起的偏误、附属色彩的偏误、数量词修饰时的偏误等。导致这些偏误的原因主要有教材、工具书缺乏辨析和教师指导不足等。

赵新、洪炜（2009）详细讨论了因语义重点、语义强度、适用时间、适用对象、语法特征、句型句式、音节配合、感情态度、语体风格不同而引发的各种近义词偏误。并对母语负迁移、外语释义误导以及汉语释义误导三种引发偏误的原因进行了探讨。

章洁（2009）通过对25名留学生的作文语料考察发现：近义动词的偏误最为严重，偏误率高达40%；其次是近义形容词、副词和名词；近义介词偏误较少。从偏误类型来看，对同义词附属色彩不清楚、词性混淆、对词语语义和使用条件不清而导致的偏误最多。

此外，一些研究专门针对某个国别的学习者近义词使用偏误进行了考察。如卿雪华（2004）从语义和词类两个角度分析了泰国学生汉语近义词使用的偏误情况。张妍（2006）对欧美学生汉语中介语易混行为动词、心理动词的偏误进行了考察。

（二）近义词的习得难度研究

吴向华（2005）通过一项测试研究发现，留学生对含有相同语素的双音节同义词辨析失误远远少于对无相同语素的双音节同义词和单音节同义词的辨析失误。

柯露晞（2007）发现，在单双音节近义词差异的认识方面，学习者大都仅停留在单对单、双对双上，对汉语词音节搭配中的特殊情况不甚了解，并且随着学习程度的提高，这种认识并没有得到太大改变。而在相同词性近义词与不同词性近义词的习得方面，相同词性近义词比不同词性近义词更容易习得。

洪炜（2011）通过实证研究考察，发现语素因素对留学生近义词学习具有重要影响。从整体上看，初中级水平的欧美、日韩学习者学习同素近义词均易于学习异素近义词。但在学习同素近义词时，日韩学习者成绩要显著高于欧美学习者，而学习异素近义词时，情况则相反。

五 现有研究的不足

（一）习得难度及习得过程研究薄弱

目前有关近义词习得难度的考察主要集中在有无相同语素、词性是否相同、是单音节还是双音节等方面，而对于一组近义词中各种用法差异的习得难度则缺乏考察。一组近义词的差异往往涉及语义、句法、语用等多个层面，每个层面下又有多个项目，这些差异项目的难度对学习者来说是否相同尚且不清。如果能对各类差异项目的难度进行考察，摸清哪些差异项目容易习得，哪些项目较难习得，无疑对近义词的教学、教材的编写、词典的编纂大有帮助。

此外，目前有关近义词习得发展过程的考察也较为薄弱。多数研究仅对二语学习者近义词的偏误进行静态描写，很少从动态发展的角度考察学习者是如何逐步掌握近义词的。事实上，有的近义词差异可能在经过初级阶段的学习后便能掌握，有的则可能需要经过很长的学习过程，甚至到了高级阶段仍无法掌握，即出现"石化"现象。如果能将近义词习得的纵向发展过程及发展路径描写清楚，则可以帮助教师制定各个阶段的教学重点和策略，进而提高教学效率。

（二）偏误分析有待进一步深入

近年来关于近义词偏误分析的文章逐渐增多，但大多还停留在对各种偏误进行归类上，在研究的深度方面有所欠缺。比如，很少研究探讨近义词的哪些偏误持续时间长，哪些偏误持续时间短。由于偏误延续时间的长短跟语言项目的学习难度正相关，因此，通过考察近义词偏误持续时间有利于测定其学习的难度。

另外，近义词偏误原因的研究也有待加强。不少文章指出母语负迁移及教材、词典、教师的误导是诱发近义词偏误的主要原因，但这些研究大都只是研究者凭借教学经验和观察所做的推测，并没有实验证据的支持。因此，应当加强偏误原因的实证研究，通过实证调查弄清引发近义词偏误的真实因素，并弄清这些诱发因素在不同学习阶段的影响是否相同，哪些因素起主要作用等。

（三）近义词教学法研究几近空白

虽然目前学界对近义词教学法有少量探讨，如应分阶段教学，辨析语言应浅显易懂（敖桂华，2008；李绍林，2010），加强对比分析和结合文化知识（杨明宇，2010），但这些教学法都是研究者自身教学经验的总结，缺少系统科学的研究，缺少实际的教学实验和教学实验得出的结论。比如，在教学过程中，哪些差异项目需要重点讲练，哪些项目可以少讲练甚至不讲练？什么样的教学形式比较合适？哪些教学策略和方法效果比较好？这些问题仍有待进一步探讨。因此,今后的研究中必须加强教学法的实证研究,通过实证的手段比较各种教学方法、教学模式的优劣。

(四)近义词研究成果的转化不足

虽然近20年来有关近义词研究的成果不少,遗憾的是目前这些成果没能很好地运用在教学、教材编写、词典编纂当中。李绍林(2010)一针见血地指出,不少教学者还是习惯采用汉语本体研究的成果,而对这些研究成果怎么结合汉语二语教学的特点进行深加工则有所忽视。今后的研究应注意将研究成果真正融入到实际教学当中,只有这样,才能使近义词教学更科学、更有效。

思考题

1. 你认为汉语近义词的研究还存在哪些问题?还有哪些需要进行深入研究的问题?
2. 你认为基于二语教学的汉语近义词研究与传统的近义词研究有什么不同?

第二章　近义词的界定及分类

> 什么是近义词？什么是同义词？
> 近义词和同义词是什么关系？
> 近义词和同义词应该分开来还是合起来？

第一节　近义词与同义词

一　学界的观点

（一）什么是近义词

关于近义词，学界看法一致，都认为是意义相近的词。如：

> 近义词是意义上彼此接近而各表示不同事物对象的词。（刘叔新《同义词和近义词的划分》）

> 近义词是所指不一而存在某种近似关系的两个或两个以上的词。例如"含糊"和"含蓄"。近义词从字面上看,是意义相接近的一些词,从本质上看,则是所指不同一而又在意义上有某种相近关系的一个词群。（周荐《近义词说略》）

> 表示的理性意义或色彩意义不完全相同,存在着这样、那样细微差别。这种同义词,一般称为"近义词"。（谢文庆《同义词》）

词汇里,指称的事物、现象相近相似,指称的意义大同小异,从而在用法上或色彩上也往往存在差别的一些词的组系,如"照亮"和"照耀"等,是近义词。(武占坤、王勤《现代汉语词汇概要》)

近义词就是语法意义相同、词汇意义相近的一组词。所谓语法意义相同,那就是这一组词必须要在同一个类型的概念范畴之内,否则是无法进行比较的。所谓词汇意义相近,就是指一组近义词在词汇意义的义素分析上有主次之分,反映到它的概念对应性的特征分析上也有主次之分。(葛本仪《现代汉语词汇学》)

我们认为,在一个意义范围内,词汇意义(有的称理性意义或概念义等)相近则必定是近义词。(周玉琨《现代汉语近义词研究述评》)

(二) 什么是同义词

关于同义词,学界看法不一,主要有三种观点。

1. 同义词是意义相同的词

持有这种观点的学者不多,主要代表有:

同义词是意义相同的两个或更多的词。(王力《语文知识》)

同义词是任何一个语言词汇中,意义上相同或基本相同而材料构造上却不同的词。(刘叔新《现代汉语同义词词典·导论》)

只有意义相同的词才是同义词,意义相同是同义词的本质特点,而词汇意义、语法意义和词义概念对应性的完全相同则是确定同义词类聚的根本依据。(葛本仪《现代汉语词汇学》)

我们认为,在一个意义范围内,词汇意义(有的称理性意义或概念义等)完全相同则必定是同义词。(周玉琨《现代汉语近义词研究述评》)

2. 同义词是意义相同或相近的词

持有这种观点的学者占多数,主要代表有:

> 同义词：意义相同或相近的词。(《现代汉语词典》(第5版))
>
> 同义词：词汇学中指意义相同或相近的词。(《汉语大词典》)
>
> 语言里有很多发音不同而意义相同或意义极其近似的词，这种词称为"同义词"。(周祖谟《汉语词汇讲话》)
>
> (同义词是)从词的关系说，是基本义、常用义有相同或相近义项(一项或多项)的一组词，从义项关系说，是概念义有很大的共同性，但表示的对象特征或适用对象有某些差别，或者附属义有差别，或语法特点有差别的一组词。……词有概念义，附属义。构成同义词必须概念义相同或相近，即词表示的对象特征或词的适用对象相同或相近。(符淮青《现代汉语词汇》)
>
> 凡是意义相同或相近的词，就叫作同义词。(胡裕树主编《现代汉语》)
>
> 意义相同或相近的词组成的语义场叫作同义义场，义场中的各个词叫作同义词。(黄伯荣、廖序东主编《现代汉语》)
>
> 意义相同或相近的词可以构成同义义场，同义义场中的各个词叫作同义词。(张斌主编《新编现代汉语》)
>
> 意义相同或相近的词叫同义词。(北京大学中文系现代汉语教研室《现代汉语》)
>
> 若干个词语间，如在同一意义层面上有一个相同、相近的义位内容(对于单义词来说也可理解为词义核心)，则诸词语具有同义关系。(池昌海《对于同义词研究主要分歧的再认识》)

显然，与第一种观点相比，这种观点认定的同义词，范围要大得多，数量也要多得多。

3. 同义词是意义相近的词

也有一些学者认为同义词都是近义的，没有真正意义的同义词存在。如：

> 同义词就是意义相近的词。(高名凯《普通语言学》)
>
> 同义词主要指的是意义相近的词。(石安石《关于词义与概念》)

> 同义词实际上指的是意义相近的近义词,因为意义完全相同的等义词不能在同一个语汇系统中并存。(胡明扬《语言与语言学》)

还有一些学者把意义相同或相近的词称为近义词。如:

> 理性意义相同的词可以叫同义词。理性意义相近的词可以叫近义词。如果把词的情感意义、语域意义、语法意义也考虑进来,那么那些同义词的词义也就不完全相同了。因此可以把理性意义相同或相近的词合称为近义词。(齐沪扬主编《现代汉语》)

(三) 近义词与同义词的关系

近义词与同义词是什么关系?应该分开还是合并?长期以来学界看法不一,主要有以下三种观点。

1. 近义词与同义词不同,应当分开

有的学者认为近义词与同义词不同,应当分开,同义词是同义词,近义词是近义词,界限分明,不能混淆。主要代表有孙常叙(1957),刘叔新(1979,1980,1987,1990),周荐(1990),葛本仪(2001),周玉琨(2002)等。

> 词语间意义的相接近,不等于同义关系;近义的词语不应混作同义词语。同义词语须同近义词语划清界线。(刘叔新《汉语描写词汇学》)

> 同义词间的意义和近义词间的意义关系是有着本质的区别的。(周荐《近义词说略》)

> "相同"和"相近"毕竟是不同的,因为近义词不可能具有像同义词一样的"词汇意义和概念对应性都相同"的本质特征,把两者放在同一个类型之内,肯定不易把问题说清楚。(葛本仪《现代汉语词汇学》)

> 从语言学习和语言应用角度讲,把意义相近的词放到一起进行辨析,是有益处的,但从研究角度看,把同义和近义模糊起来则显得不十分科学。……笔者认为,从语言研究,尤其是从语言应用角度来说,近义词从同义词中分离出来是有

其理论和实践意义的。(周玉琨《现代汉语近义词研究述评》)

2. 同义词与近义词合称同义词，近义词是同义词的一个次类

大多数学者认为同义词是意义相同或意义相近的词，由等义词和近义词组成。如张静（1957），王勤、武占坤（1983），孙良明（1958），符淮青（1985，1996），池昌海（1999），胡和平（2005）等。高校的现代汉语教材大多持这种观点，如胡裕树（1995），黄伯荣、廖序东（1997），张斌（2005），北京大学中文系现代汉语教研室（2009）的《现代汉语》等，都将同义词划分为等义词和近义词两类，认为近义词是同义词中的一个类别，是同义词中的主体。

3. 近义词与同义词合称近义词

还有一些学者把同义词和近义词统称为"近义词"，如齐沪扬（2007），北京师范大学现代汉语教研室（1982）等。这种观点得到越来越多人的认同，尤其是对外汉语教学界的认同。近年来出版的外向型汉语近义（同义）词词典，皆命名为"近义词词典"，而未使用"同义词"。如：

刘淑娥《近义词辨析》（北京语言学院出版社，1983）

邓守信《汉英汉语常用近义词用法词典》（北京语言学院出版社，1996）

马燕华、庄莹《汉语近义词词典》（北京大学出版社，2002）

刘乃叔、敖桂华《近义词使用区别》（北京语言大学出版社，2003）

牟淑媛、王硕《汉语近义词学习手册》（北京大学出版社，2004）

王还《汉语近义词典》（北京语言大学出版社，2005）

杨寄洲、贾永芬《1700对近义词语用法对比》（北京语言大学出版社，2005）

赵新、李英《商务馆学汉语近义词词典》（商务印书馆，2009）

赵新、刘若云《实用汉语近义虚词词典》（北京大学出版社，2013）

这些词典的编写者均从事汉语二语教学工作，由此不难看出，从二语教学的角度来看，同义词与近义词合称近义词是比较适宜的选择。

二 我们的观点

（一）区分近义词与同义词，应用价值不高

同义词与近义词是分开还是合并？怎样进行区分？这些问题从理论上讲，自然有其重要的理论意义和价值。然而，从第二语言学习的角度看，区分近义词与同义词，并没有多少实际的意义和价值。

根据我们在汉语二语教学中的调查及教学经验，对于第二语言学习者，学习近义（同义）词语的关键在于弄清词语的异同是什么，什么条件下可以互换，什么条件下不能互换。在教学中无需区分（也不可能区分）哪个是同义词，哪个是近义词，将其视为一个整体最好，至于叫什么名称，同义词还是近义词，则没有太大关系。

周祖谟（1959）早就指出："我们研究同义词的积极意义在于如何从许多意义相似的同义词辨别出它们彼此不同之点，以便在应用时能够选用恰当的词，正确地表达出自己的思想感情，至于不同的词是否属于同义词范围之列，似乎不是很重要的问题。"这的确说出了近义词（同义词）研究的真谛。

从应用的角度看，近义词与同义词的区分及分合问题并不那么重要，大可不必在这个问题上纠结，应当进行更有意义更有价值的探索。

（二）区分近义词与同义词，不易操作

关于区分近义词与同义词的标准，几十年来一直在讨论，但迄今为止仍没有一个科学可行、容易操作的标准。

依据现有标准来区分近义词和同义词，很难进行清晰的区分。同一组词，学者们常常看法不一，有人认为是同义词，有人认为是近义词。如"鼓动—煽动"，刘叔新（1987）认为是同义词，而武占坤、王勤（1983），葛本仪（2001）则认为是近义词；又如"父亲—爸爸"，谢文庆（1982）认为是近义词，而武占坤、王勤（1983）则认为是等义词；再如"干预—干涉""功劳—功勋""鼓动—煽动""希望—期望""盗窃—偷"这几组词，武占坤、王勤（1983）认为是近义

词，刘叔新（1987）则认为是同义词。如此等等，不胜列举。

由此可见，近义词与同义词，专家学者尚且难以区分清楚，一般的人，尤其是汉语第二语言学习者，要区分谈何容易！不夸张地说，要想把汉语中的近义词与同义词准确清晰地、没有争议地区分开来，几乎是不可能的。

（三）将色彩义归入用法

词汇学理论认为，词义＝理性义＋色彩义。理性义又称为概念意义或词汇意义；色彩义又称为感性意义、附属意义，包括感情色彩、语体色彩和形象色彩。

以往近义词的分类主要依据意义，并且区分理性义和色彩义，所以在分类时经常出现"理性意义完全一致，色彩义存在差异"的描述。如刘叔新、周荐（2000）的分类：

（1）理性意义完全一致，只是感性意义（色彩）上存在差别；

（2）理性意义不完全一致，抽象反映同一对象的性质特点相互有些出入。但是，这些同义单位之间不存在感性的色彩差别；

（3）理性意义不完全一样，即意义有别，同时表达色彩也存在差异。

葛本仪（2001）的分类：

（1）词汇意义相近，语法意义相同，色彩意义不同的近义词；

（2）词汇意义相近，语法意义和色彩意义都相同的近义词。

根据我们的教学实践，把意义区分为理性义和色彩义，在汉语二语教学中不好操作。什么是理性义什么是色彩义，哪个意义相同哪个意义不同，越说越糊涂，二语学习者不容易明白。另外，据我们的考察，即便是所谓的"等义词"，在色彩（语体、感情等）上也有差异，几乎不存在理性意义和色彩意义都相同的词。如果色彩义划归"意义"，那么，汉语中就不存在意义相同的"同义词"。

我们认为，色彩义实际上影响的是词语的用法，因此，不妨将词义中的"色彩义"从"意义"中分离出来，归入"用法"。这样，就可以将一个词的分析简单分为"意义"和"用法"两部分,"意义"即词的理性义,"用法"包括句法和语用,色彩义归属于"用法"中的"语用"项目。这样调整有利于教学,也有利于近义词的分类和辨析。

(四)近义词是意义相同或相近的词语,近义词与同义词合称近义词

由上面的论述不难看出,从应用的角度讲,近义词与同义词的区分,不仅价值不大,而且很难操作。既然如此,何必去分?又何必在分合的问题上纠结?我们的看法如下:

近义词 两个以上的词语,无论是词还是短语,无论词性是否相同、音节数量是否相同,只要在理性意义上有一个义项相同或相近,就是"近义词"。

近义词与同义词的分合 从理性义的角度看,汉语中既存在同义词,也存在近义词;理性意义相同的词语是同义词,理性意义相近的词语是近义词(狭义近义词)。狭义近义词数量大,在应用中出现问题多,应用价值高,是研究的重点;而同义词数量少,研究价值远不及狭义近义词。因此,在研究和教学中,不必具体区分同义词和狭义近义词,合称近义词(广义近义词),其中狭义近义词是主体,同义词是广义近义词的一个次类。

由此开始,下文所说"近义词",指词汇意义相同的词语和词汇意义相近的词语,即广义近义词,包括同义词和狭义近义词。

(五)近义词与易混淆词

值得注意的是,近年有学者提出了"易混淆词"的概念。所谓"易混淆词",除了包括理性意义基本相同的词(即近义词)以外,还包括读音相同或相近的词、字形相近的词、母语一词多义对应的汉语词等(张博,2005,2007,2008)。

那么,"近义词"和"易混淆词"是什么关系?"易混淆词"是否可以取代"近义词"?我们认为,从容易混淆这个角度来讲,"近义词"属于"易混淆词",但不宜将近义词和其他易混淆词统称为"易混淆词"。原因如下:

首先,中介语中的易混淆词,有的由于语义相近而混淆,有的由于读音相近而混淆,有的由于字形相近而混淆,不同的易混淆词具有各自的特点和相对独立性,习得难度和教学策略不尽相同。将这些类别笼统地放在同一概念下,

范围过于庞大，类别过于庞杂，反而对教学和习得不利。

其次，第二语言教学中的易混淆词分为两大类，一类是近义易混淆词，一类是非近义易混淆词。无论是从数量还是从易混淆的程度来看，近义词都是易混淆词的主体和重点。从第二语言学习者的角度看，近义易混淆词的习得难度高于非近义易混淆词；从第二语言教学者的角度看，近义易混淆词的教学难度亦高于非近义易混淆词。

我们主张，用"易混淆词"专指"非近义易混淆词"，"近义词"则专指"近义易混淆词"，这样划分更加明确，更加合理。

第二节　近义词的分类

一　以往的分类

（一）依据意义的分类

以往对近义词的分类，绝大多数是依据意义。以往多数学者把同义词（近义词）分为两大类：一类是"等义词"，一类是"近义词"（张斌，2005；黄伯荣、廖序东，1997；北京大学中文系现代汉语教研室，2009）。"等义词"也称"完全的同义词"（胡裕树，1995）、"完全同义词"（葛本仪，2001）、"绝对同义词"（武谦光，1988）、"无条件同义词"（孙常叙，1957）、"严格的同义词"（钱乃荣，1995）、"特殊同义词"（池昌海，1999）。"近义词"也称"不完全的同义词"（胡裕树，1995）、"不完全同义词"（葛本仪，2001）、"相对同义词"（武谦光，1988）、"条件同义词"（孙常叙，1957）、"较宽的同义词"（钱乃荣，1995）、"基本同义词"（池昌海，1999）。

依据意义还有一些不同的分类：

谢文庆（1982）提出另外两种依据意义分类的方法：一种是根据色彩意义的差异划分——感情色彩有别、形象色彩有别、语体色彩有别、普通话和方言色彩有别。另一种则是根据词义交叉情况划分——交叉同义词、非交叉同义词。所谓"交叉同义词"是指多义词中的某个意义跟别的词的意义相同或相近，形成一种交叉同义关系。所谓"非交叉同义词"，则是指单义词与单义词形成的同义词组。

张静（1957）分为三类：等义同义词、交叉同义词、近义同义词。

张永言（1982）分为三类：表义同义词、风格同义词、绝对同义词。

（二）依据音节、语素的分类

除了以意义为依据的分类外，也有学者依据形式上的特点进行分类。

谢文庆（1982）从构词成分的数量将同义词分为三类：单音节同义词、单音节与双音节同义词、双音节与双音节同义词。其中双音节同义词又分为同素近义词、词素完全不同近义词、部分同素近义词。

邢福义（1991）从语素的角度将同义词分为三类：语素完全相同、语素部分相同、语素完全不同。

张斌（2005）将同义词分为三类：全同素同义词、半同素同义词、全异素同义词。

（三）依据结构的分类

刘叔新（1995）从结构的角度，将同义词分为三类：同义词组、同义语组、同义词语组。

（四）依据词性的分类

谢文庆（1982）从词性的角度，将同义词分为两类：同性同义词、异性同义词。

（五）以往分类存在的问题

综观以往的分类，主要存在两个问题：

第一，大多数单独以意义为标准，对其他因素考虑不足。其实，近义词并不只是意义上有差异，句法和语用方面亦存在差异；换言之，近义词不光是语义问题，还涉及句法和语用。单纯以意义为标准，不考虑结构、语用等因素，这样的分类在汉语二语教学中作用不大。

第二，分类缺少应用方面的依据，为分类而分类。以往的分类没有考虑以下问题：为什么要这样分类？需要分成多少类？分类对于教学和研究有什么价值?因此做出的分类对教学的实际作用不大。

二 分类的依据

分类的出发点是什么?为什么要这么分类?是分类时首先要考虑的问题。

从汉语二语教学的视角出发,我们需要的是在教学中有意义、有作用的分类。分类需要考虑是否有利于教学,是否有利于近义词的习得研究和教学方法的研究。

(一)意义和用法是分类的主要依据

从教学的实际情况看,在学习和使用近义词时,二语学习者既需要了解一组近义词在意义上有哪些相同、有哪些不同,也需要了解一组近义词能否互换、什么条件下可以互换、什么情况不能互换等,也就是说,在教学中不仅需要关注意义,更需要关注用法。那么,意义和用法自然就是分类的重要依据。

(二)语素、音节、词性、结构也是分类的依据

另外,有无共同语素、音节数量是否相同、词性是否相同、结构如何,这些外部形式因素对二语学习者近义词的习得都有一定的影响,也是分类需要考虑的。

总之,我们认为,有必要依据意义(理性意义相同、相近)和用法(能否互换)两个标准进行分类,据此做出的分类能够解答学习者的疑问、减少偏误,满足教学的需要;同时也有必要依据语素、词性、音节的数量、结构成分等分别做出不同的分类,这样的分类有利于了解近义词的特点,考察不同类型近义词的习得难度,也有利于了解学习者的习得情况,以便采取针对性措施。

三 基于汉语二语教学与研究的分类

基于以上考虑,我们依据不同的标准,对近义词做出以下五种分类:

(一)依据意义和用法分类

依据意义和用法,可将近义词分为四类。

1. 意义相同,用法相同

这类近义词,词的理性意义完全相同,所指也是同一对象;用法也相同,

可以互换，意义基本没有变化。如：

  出租车—的士 吉他—六弦琴 激光—镭射 斧头—斧子

这类近义词数量不多，一般都是单义词，许多都是外来词的不同译法。
2. 意义相近，用法不同
这类近义词，词的理性意义接近，但用法不同，不能互换。如：

  发达—发展 都表示从小到大，从低级到高级的变化，都可以充当谓语，但意思和用法都有差异，不能互换。"发达"指变化到了相当高的程度，不能带宾语，可以充当定语，可以受程度副词的修饰，如"东部的经济比西部发达（发展×）""德国的汽车工业很发达（发展×）"；"发展"指发生变化的过程，可以带宾语或补语，如"一定要大力发展经济（发达×）""这个地方的经济很快就发展起来了（发达×）"。

  抱歉—道歉 都表示对不起别人，心里不安。但"抱歉"指不安的感觉、心情，可以受程度副词的修饰，可以充当状语，如"她迟到了，感到很抱歉（道歉×）""她抱歉地对我说'对不起！'（道歉×）"；"道歉"是一种承认错误的行为，常用在"向/给……道歉"的句式中，如"你应当向她道歉（抱歉×）"。

这类近义词数量很多，如"出来—出去""办理—处理""高潮—高峰""感动—感激""改正—纠正"等。
3. 意义相同，用法有同有异
这类近义词，词的理性意义完全相同，所指是同一对象；有的用法相同，可以互换，有的用法不同，不能互换。如：

  妈妈—母亲 都指有子女的女性，如"这是我的妈妈（母亲√）"；但是，"妈妈"可以当面称呼，"母亲"不能，如"妈妈！我回来了！（母亲×）"。

相互—互相　都表示人或事物之间彼此同样对待的关系，都可以修饰双音节动词，充当状语，如"我们应当<u>互相</u>帮助，<u>互相</u>学习（相互√）"。但是，"相互"可以充当定语，"互相"不能，如"它们之间的<u>相互</u>关系，我还没弄清楚（互相×）"。

这类近义词还有很多，如"何—什么""害怕—怕""关—关闭""难—难以""好像—仿佛""不同—不一样""并且—而且""男人—男子—男性""差别—差异"等。

4. 意义相近，用法有同有异

这类近义词，词的理性意义有同有异，用法有的相同，可以互换；有的不同，不能互换。如：

　　爱—热爱　都表示喜欢、有很深的感情。在对象是"祖国、人民、和平、自由、生活、家乡"等时可以互换，如"我<u>爱</u>我的祖国，也<u>爱</u>我的家乡（热爱√）"；但是，"爱"的对象还可以是普通的人，"爱"还可以表示对某事有兴趣，"热爱"不能，如"我<u>爱</u>妈妈，也<u>爱</u>爸爸（热爱×）""她<u>爱</u>唱歌、<u>爱</u>跳舞（热爱×）"。

　　按时—按期　都是副词，充当状语，表示按照规定的日期，此时可以互换，如"借图书馆的书，要<u>按时</u>归还（按期√）"；但"按时"还表示按照规定的时间点，"按期"不能，如"早上八点上课，请大家<u>按时</u>来（按期×）"。

这类近义词数量很多，如"低—矮""安排—布置""依照—按照""安静—宁静"等。

这四类中，第一类数量很少，任何时候都可以互换，所以不会有偏误；后三类数量多，是主体，研究价值高，最值得关注。

（二）依据有无共同语素分类

依据有无共同语素，可将近义词分为两类：同素近义词和异素近义词。

1. 同素近义词

(1) 共同语素的位置相同。如：

　　表达—表明　　忍耐—忍受　　正巧—恰巧　　快速—迅速

　　按照—依照　　优秀—优良—优异　　历来—向来—从来

(2) 共同语素的位置不同。如：

　　注重—重视　　英勇—勇敢　　背后—后面　　报告—汇报

　　外表—表面　　悲伤—伤心　　愤怒—气愤　　接连—连续

　　惊奇—吃惊

2. 异素近义词

　　迅速—敏捷　　好看—美观　　漂亮—美丽　　根据—按照

　　一直—始终　　终于—到底　　立刻—马上　　所有—一切

　　傍晚—黄昏　　闭—关　　避—躲—藏

(三) 依据音节数量分类

依据音节数量是否相等，可将近义词分为两类：音节数量相同的近义词和音节数量不同的近义词。

1. 音节数量相同的近义词

(1) 均为单音节。如：

　　不—没　　迟—晚　　丢—扔　　说—讲　　更—还

　　夺—抢　　堵—塞　　够—足　　代—替　　刚—才—仅

　　向—朝—往　　低—矮—短

(2) 均为双音节。如：

　　对于—关于　　漂亮—美丽　　充分—充足　　因此—于是

　　原因—缘故　　修改—修正　　依靠—依赖　　严格—严厉

　　意见—看法

(3) 均为多音节。如：

　　星期天—礼拜天　　不一定—说不定　　不得不—不会不—不能不

没关系—不要紧—没事儿　　不由得—忍不住—禁不住

2. 音节数量不同的近义词

音节数量不同，或是单音节与双音节，或是双音节与多音节。

（1）有共同语素。如：

　　停—停止　　连—连连　　偏—偏偏　　极—极其—极为

　　最—最为　　按—按照　　眼—眼睛　　耳—耳朵

　　河—河流　　车—车辆　　信—信件　　静—安静

　　弯—弯曲　　飞—飞翔　　爱—热爱　　帮—帮助—帮忙

　　懂—懂得

（2）无共同语素。如：

　　爱—喜欢　　别—不要　　吹—夸口　　头—脑袋　　俊—好看

　　西红柿—番茄　　看不起—轻视　　不见得—未必

有共同语素的近义词一般由单音节词与双音节词构成，是汉语词汇双音节化的产物，通常意义相同，但用法有差异。其差异有规律，通常是色彩或范围大小有差异。

（四）依据词性分类

根据词性是否相同，可将近义词分为两类：相同词性近义词和不同词性近义词。

1. 相同词性的近义词

相同词性的近义词共有10类。

（1）近义名词。如：

　　动机—目的　　材料—原料　　特点—特征—特色

（2）近义动词。如：

　　做—干—搞　　打击—攻击　　爱—喜欢　　说—谈—讲

（3）近义形容词。如：

　　安静—宁静　　短—短促—短暂　　同样—一样

（4）近义代词。如：

　　本人—自己　　自身—自己　　其他—别的　　各—每

（5）近义数词。如：

　　二—两—俩　　多少—几

（6）近义量词。如：

　　个—名—位　　栋—座　　次—遍　　对—副—双

（7）近义副词。如：

　　一概——律　　极力—竭力　　立刻—马上—眼看

（8）近义连词。如：

　　除非—只有　　假如—如果　　但是—不过　　免得—省得

（9）近义介词。如：

　　对—对于　　向—对　　向—朝—往　　为—替—给

（10）近义助词。如：

　　吧—吗　　吗—嘛　　罢了—而已　　的—地—得

2.不同词性的近义词

不同词性词语构成的近义词中，形容词与副词、形容词与动词、形容词与名词构成的较多。

（1）形—副。如：

　　突然—忽然　　特别—格外　　难免—未免　　经常—常常

　　准时—按时　　单独—独自　　偶然—偶尔　　亲身—亲自

　　必然—必定　　起码—至少　　缓慢—缓缓　　容易—轻易

　　顺手—随手　　难—难以

（2）形—动。如：

　　发达—发展　　充足—充满　　强大—壮大　　抱歉—道歉

　　吃力—费力　　有名—闻名　　非法—违法　　合适—适合

　　惊奇—吃惊　　灰心—泄气　　气—气愤

（3）形—名。如：

　　聪明—智慧　　辉煌—光明　　原来—原先　　少量—少数

　　基本—基础　　年青—青年　　所有—全部　　下列—以下

　　热门—热点

其他类型的较少。

（4）名—副。如：

　　刚才—刚刚　　四处—到处　　每天—天天　　前后—先后

　　事先—预先

（5）名—动。如：

　　障碍—阻碍　　医疗—治疗

（6）名—连。如：

　　后来—然后　　以后—然后

（7）副—动。如：

　　陆续—连续　　连连—连续　　竭力—尽力　　必须—必需

（8）副—代。如：

　　亲自—自己　　其他—另外

（9）副—连。如：

　　却—但　　却—而

（五）依据结构分类

依据结构大小，可将近义词分为三类：近义词、近义短语、近义格式。

1. 近义词

　　代—替　　　自己—本人　　表示—表达　　景色—风景

　　风俗—习俗　　风趣—幽默　　构成—组成

2. 近义短语

　　不一定—说不定　　忍不住—受不了　　不由得—禁不住

　　巴不得—恨不得　　不要紧—没关系　　不在乎—无所谓

看起来—看样子　差不多—差点儿　没关系—没什么—没事儿

3. 近义格式

一边……一边……　—　一面……一面……

既……又……　—　既……也……　—　又……又……

在……上　—　在……下　—　在……中

对……来说　—　在……看来

在这三类中，近义词数量最多，是主体；近义短语和近义格式数量较少。

以上根据不同标准对近义词做了五种分类，这里将所有分类列表如下。

表2-1　近义词分类表

依据意义和用法	1.意义相同，用法相同 2.意义相近，用法不同 3.意义相同，用法有同有异 4.意义相近，用法有同有异
依据语素	1.同素近义词 2.异素近义词
依据音节数量	1.音节数量相同的近义词 2.音节数量不同的近义词
依据词性	1.相同词性的近义词 2.不同词性的近义词
依据结构	1.近义词 2.近义短语 3.近义格式

思考题

1. 什么是近义词？什么是同义词？什么是易混淆词？三者是什么关系？
2. 你认为近义词与同义词应当分还是合？为什么？
3. 请你根据第二语言教学的需要对近义词进行分类。

第三章　近义词的特点

> 现代汉语的近义词有什么特点？
> 第二语言教学中的汉语近义词有什么特点？

第一节　现代汉语近义词的特点

关于现代汉语近义词的特点，论及的人不多。刘叔新、周荐（2000）从结构、色彩及搭配组合方面分析现代汉语近义词的特点：（1）同一同义组中的词大多含有共同的语素；（2）单音词与由之发展出的复合词同义对应；（3）带有异常丰富的表达色彩；（4）单音词一般多同单音词搭配，双音词多与双音词组合；（5）带浓厚书面语色彩的词语不同口语色彩的词语搭配，而同文言词语或带书面语色彩的词语相组合。

齐沪扬（2007）从词性方面分析近义词的特点："多数近义词的词性相同，但也有些近义词的词性是不同的。"

谢米纳斯（1996）从构词成分方面分析近义词的特点："在汉语同义词中，带有一个共同成分的形式使用最广泛。它们拥有同一种意义，并且在很多情况下可以互换。"

我们对三部外向型汉语近义词词典中的近义词进行了统计与考察：杨寄洲、贾永芬《1700对近义词的对比分析》（简称《1700对》）；赵新、李英《商务馆学汉语近义词词典》（简称《近义词》）；赵新、刘若云《实用汉语近义虚词词典》(简称《近义虚词》)。根据考察的结果,我们从词性、意义、结构、分布等方面总结近义词的特点,认为现代汉语近义词具有以下六个特点:

第一,大部分近义词词性相同。据统计,《1700对》词性相同的近义词语约1560组,约占91%;《近义词》词性相同的近义词语约920组,约占91%;《近义虚词》词性相同的近义词语约320组,约占80%。显然,词性相同的近义词语占绝大多数。

第二,大部分近义词有共同语素。《1700对》中共同语素的近义词约1300组,约占76%;《近义词》中共同语素近义词约700组,约占68%;《近义虚词》中共同语素近义词约230组,约占57%。

需要说明的是,统计时只计入了每个词都有共同语素的近义词,还有一些由三个以上词语组成的近义词组,其中部分词有共同语素,则未计入,如"爱好——喜爱——喜欢""本身——自身——自己""办法——方法——措施""从来——向来——一向""因而——因此——从而"等。如果将这些词组也计入,有共同语素的近义词数量则更多。

应当说,大部分汉语近义词有共同语素,这一结论是可靠的。显然,汉语中同素近义词的数量要多于异素近义词。同素近义词在习得方面与异素近义词可能存在差别。

第三,双音节近义词数量居多。《1700对》中双音节近义词约1300组,约占76%;《近义词》中双音节近义词约790组,约占76.9%;《近义虚词》中双音节近义词约230组,约占57%。相对来说,这三部词典比较注意收入单音节近义词,其他近义词词典的单音节近义词数量更少。可见汉语中双音节近义词是近义词的主体。

第四,大部分近义词的音节数量相同。《1700对》中音节数量相同的近义词约1400组,约占82%;《近义词》中音节数量相同的近义词约910组,约占89%;《近义虚词》中音节数量相同的近义词约290组,约占73%。显然,音节数量相同的近义词占绝对优势。

第五,近义词主要分布在四类词中。从分布上看,汉语近义词有何特点?

哪种词性的近义词数量比较多？据谢文庆（1982）的统计，2073个同义词组中，动词1037组（50.7%），形容词467组（22.5%），名词434组（21.9%），同义词组最多分布在动词中。

我们对三部近义词词典中各类近义词的分布情况进行了统计，情况如下（表3-1）。

表3-1　汉语近义词的词类分布情况　　　　　　　　　　（单位：组）

	近义名词	近义动词	近义形容词	近义副词	近义连词	近义介词	近义代词	近义助词	近义量词	近义数词
《1700对》	384	663	288	146	38	20	20	5	3	1
《近义词》	220	388	167	84	33	20	20	—	9	1
《近义虚词》	—	—	—	181	61	29	—	9	—	—

需要说明的是，以上统计依据的是词性相同的近义词，至于词性不同的近义词，如副—形、副—动、介—动、连—副的近义词，不在统计之列。

我们统计的结果与谢文庆统计的结果基本一致，即近义动词数量最多，其次是名词、形容词。

由统计情况可见，汉语中，近义动词、近义名词、近义形容词、近义副词数量最多，近义连词、近义介词、近义代词次之；近义数词、近义量词、近义助词的数量很少。可以说，汉语近义词主要分布在动词、名词、形容词、副词这四类词中，这是汉语近义词在分布上的特点。

从以上分析可以看出，现代汉语中，数量较多的近义词是：词性相同近义词、双音节近义词、同语素近义词、近义动词、近义名词、近义形容词、近义副词，这七类是近义词的主体，应当是教学和研究的重点。

第六，存在一些形式比较特殊的近义词。现代汉语中有一些近义词的形式比较特殊，是其他语言所不具有的。

同音（近音）近义词：

包含—包涵　　标记—表记　　辞书—词书　　功夫—工夫
界限—界线　　振动—震动

逆序近义词：

同等—等同　　代替—替代　　互相—相互　　攀登—登攀
力气—气力　　离别—别离　　感情—情感　　地道—道地
察觉—觉察　　缓和—和缓　　通畅—畅通　　引导—导引
要紧—紧要　　刚才—才刚　　直爽—爽直　　演讲—讲演

不同音节同素近义词：

最—最为　　极—极为　　难—难以　　给—给予　　除—除了
常—常常　　大—大大　　到—到达　　等—等待　　为—为了
慢—缓慢　　虽—虽然　　将—即将　　愿—愿意

这些特殊近义词的形式极为相似，用法却不尽相同，不一定可以互换。因而在学习和使用时更易引起误解，导致偏误。

第二节　二语教学中汉语近义词的特点

根据对《1700对》《近义词》《近义虚词》三部近义词典的考察分析，我们认为，与传统的汉语近义词相比，二语教学中的汉语近义词有三个显著特点。

第一，比较宽泛。比母语者的近义词宽泛，这是二语教学中汉语近义词最主要的特点。从传统的汉语近义词词典的情况看，传统的汉语近义词限制较多：多限于词性相同、音节相同的词；多限于双音节实词，很少收入单音节词和虚词；只限于词，不包括短语和格式。二语教学中的汉语近义词，不受音节数量的限制，不受词性的限制，不受结构的限制；不论词性是否相同，音节是否相等，只要意义相同或相近，容易发生混淆的词与词、词与短语、格式与格式、单音节词与双音节词，都可以视为近义词。如：

上编 近义词的基本问题

不—没　　还—再　　迟—晚　　做—作　　向—朝—往
做—干—搞　　忘—忘记　　难—困难　　晴—晴朗
造—制造　　帮—帮助—帮忙　　等—等候—等待
不见得—未必　　不一定—说不定　　不要紧—没关系
忍不住—受不了　　既……又……　—　既……也……
忍不住—不由得　　在……上　—　在……中　—　在……里

换言之，二语教学中的汉语近义词，不仅包括意义相近的词，还包括意义相近的短语和格式；不仅包括词性相同的词，还包括词性不同的词；不仅包括音节数量相同的词，还包括音节数量不同的词；不仅包括双音节词，还包括单音节词；不仅包括实词，还包括虚词。可见，二语教学中的近义词比母语者的近义词宽泛得多。

第二，以常用词为主。二语教学中的汉语近义词，以常用近义词为主，不注重生僻艰深的近义词。针对母语者的近义词教学，注重的是那些比较书面化、比较艰深的近义词；而简单常用的近义词对汉语母语者来说不是问题，教学一般不涉及。对二语学习者的近义词教学则不同，常用的近义词语是交际的基本需要，恰恰是外国人最需要了解和掌握的，需要特别重视。如：

不—没　　别—不要　　到—到达　　不断—不停
还—再　　爱—喜欢　　急—着急　　难过—难受
迟—晚　　难—困难　　想—考虑　　简单—容易
进—入　　忘—忘记　　好看—漂亮　　看到—看见
向—往　　帮—帮助　　立刻—马上　　做—干—搞
根—条—支

那些生僻艰深、过于书面化文学化的近义词语，在汉语二语学习者的交际中很少使用，汉语二语教学一般不涉及这些近义词。如：

跋扈—专横　　聪慧—聪颖　　胆怯—胆寒　　鞭笞—鞭挞

猖狂—猖獗　　鄙薄—鄙夷　　魁伟—魁梧　　簇拥—蜂拥
承袭—承继　　端倪—朕兆　　懊丧—沮丧—颓丧

第三，数量较多，组合密度大。 汉语二语教学中的近义词由于收词编组比较宽泛，因此，近义词组的数量远远多于传统的近义词。一个词可以分别和几个词构成近义词组。如：

采取—采用　　采用—利用—使用
考虑—思考　　考虑—想　　考虑—着想
肯定—确定　　肯定—一定
密切—紧密　　密切—亲密

——赵新、李英《商务馆学汉语近义词词典》

按时—按期—如期　　按时—及时—准时
反复—屡次—再三　　反复—一再　　反复—重复
赶紧—赶快—赶忙　　赶紧—尽快　　赶忙—急忙—连忙
渐—渐渐　　渐渐—逐渐—逐步
将—将要　　将要—就要—快要

——赵新、刘若云《实用汉语近义虚词词典》

我们对四部近义词词典的组合密度进行了统计：

刘叔新《现代汉语同义词词典》是内向型汉语近义词词典，收近义词1640组，共4600多个词，平均2.8个组成一组。

杨寄洲、贾永芬《1700对近义词的对比分析》收近义词1718组，共2846个词，平均1.7个组成一组。

赵新、李英《商务馆学汉语近义词词典》收近义词1030组，共2402个词，平均2.3个词组成一组。

赵新、刘若云《实用汉语近义虚词词典》收近义词402组，共641个词，平均1.6个词组成一组。

统计发现，相对于传统近义词词典（《现代汉语同义词词典》），针对汉语二语教学的三部外向型近义词词典（《1700对近义词的对比分析》《商务馆学汉语近义词词典》《实用汉语近义虚词词典》）的组合密度相对较高。换言之，二语教学中的汉语近义词组合密度高于传统的汉语近义词。

另外，词性不同、音节数量不同的近义词也比传统近义词数量多。这一点，毋庸赘述。

思考题

1. 你认为现代汉语近义词有哪些特点？请对本章的分析进行补充和修正。

2. 你认为第二语言教学中的汉语近义词有哪些特点？请对本章的分析进行补充和修正。

第四章　近义词的辨析

> 怎样进行近义词的辨析？近义词辨析的原则是什么？
> 近义词的辨析分为哪些步骤？用什么方法、通过哪些途径来进行辨析？

近义词的辨析是近义词教学与研究中的关键，是近义词研究中最重要的部分。只有准确而全面地找出近义词的差异，才能有效地帮助汉语二语学习者正确地使用近义词。

以往的近义词辨析存在以下两个问题：第一，多以意义辨析为重点，结构与语用方面的辨析很少。第二，对辨析原则、辨析步骤、辨析方法、辨析途径等具体问题的研究比较粗，缺少具体细化的研究。

汉语二语教学中的近义词辨析，需要从学习者的视角出发，选择他们容易混淆的词语进行编组；同时需要对他们的近义词偏误进行全面的统计分析，了解其偏误的类型、特点及其形成原因，分析二语学习者习得近义词的认知特点等，根据这些来制定切实可行的辨析原则、步骤和方法。

第一节　辨析的步骤

近义词的辨析是分步进行的。我们根据教学和编写近义词词典的经验，将辨析过程分为以下四个步骤：选词编组、制定辨析原则、析同（描写共同点）、辨异（分析差异）。

一 选词编组

近义词辨析,第一步是选择需要辨析的词进行编组。

(一)选词编组的原则

我们主张,汉语二语教学中的近义词选词编组应遵循"实用"和"宽泛"的原则。所谓"实用",就是收常用的、学习者容易混淆的词,不收难度大的、生僻的、过于书面化文学化的、不适合学习者学习和交际的词语;所谓"宽泛",就是选词编组比较宽松,无论是词还是短语或格式,无论词性是否相同、音节是否相等,只要意义相同或相近,容易发生混淆,就可以编为一组。如:

不—没　　还—再　　再—又　　迟—晚　　做—作

做—干—搞　　向—朝—往　　忘—忘记　　难—困难

晴—晴朗　　造—制造　　别—不要　　停—停止　　极—极为

遇见—碰见　　常常—经常　　漂亮—美丽　　看见—看到

帮—帮助—帮忙　　等—等候—等待　　必须—不得不

不一定—说不定　　不要紧—没关系　　未必—不一定

忍不住—不由得　　忍不住—受不了

既……又……　—　既……也……　　在……中　—　在……里

(二)选词编组的范围

汉语二语教学中的近义词辨析,选词应当有明确的范围。应当主要限定在《汉语水平词汇与汉字等级大纲(修订本)》(国家汉语水平考试委员会办公室考试中心,2001)内,补充少量常用的超纲词。这样,既可以保证所收的词语都是常用词语,同时也有利于与汉语水平考试的配合。如"敏捷""匆忙""盼望""价值"都是超纲词,但都常用,可分别与初级词"迅速""急忙""希望""价格"编组。

迅速—敏捷　　急忙—匆忙　　希望—盼望　　价格—价值

（三）选词编组的途径

确定了选词编组的原则，限定了范围，接下来就是选择具体的近义词语。如何选择学习者容易混淆的近义词语，如何保证选词编组的实用性和针对性，是非常重要的。可以通过以下几个具体的途径：（1）收集汉语二语学习者作业、试卷及中介语语料库中的近义词偏误进行分析，根据偏误选词编组。如学习者常出现"不"和"没"混用、"爱"和"喜欢"混用、"考虑"和"着想"混用、"常常"和"通常"混用的偏误，可以根据偏误选词编组。（2）根据日常教学中学习者提出的有关近义词问题进行选词编组。如不少学习者问："本人"和"自己"有什么不同？"别人"和"人家"有什么区别？"慢慢""渐渐"和"越来越"有什么差别？可以根据问题选词编组。（3）挑选传统近义词词典中适用的近义词组。其中，前两种途径从第二语言学习者的实际需要出发，针对性强，是近义词教学中选词编组的主要途径。传统近义词词典中有一些是较常用的近义词组，也适合汉语二语教学，可以作为补充。

二 制定辨析原则

近义词辨析，第二步是制定辨析的原则。

传统近义词的辨析大多是释义为主，辨异为辅，也就是先分别解释一组近义词语中各个词的意义并举例，然后辨析这组近义词语的差异，释义详细而辨析简略；而且，例句均摘自名著或报纸，难度较大，对二语学习也不实用。这种做法显然不适合汉语二语教学。如：

> **终于—到底**
>
> 副词。表示经过种种变化或长时间等待之后出现了结果或实现的情况。
>
> "终于"强调较长的变化过程或等待过程的终结。例如："经过九年的争论，普鲁斯特终于胜利了，发现了定比定律"（《光明日报》，1979.11.2）；"他们终于找到共产党的领导"（孙犁《晚华集》）。
>
> "到底"强调变化还是得出结果来了，或等待还是等到了情况的实现

了；较多在口语中使用，有口语色彩。例如："梅，你到底来了"（《小说月报》，1980.2）；"革命不容易，但到底还是胜利了"（《文汇报》，1980.7.1）。

——刘叔新《现代汉语同义词词典》

终于—到底

同：副词。表示到尽头、最终。可以通用，如"我～学会了"。

异：

【到底】dàodǐ 多用于口语，一般说成"～……了"。例：①后来他～决定了。（茅盾《子夜》）②你～回来了，这里竟还有人说你不会回来了。（徐迟《地质之光》）③吴天宝人小，气量可大，看出姚大嫂气色不善，也不介意，还是说呀笑的，～把姚大婶引乐了。（杨朔《三千里江山》）

注：还有两个意义和用法：（一）用在问句里，表示深究，如"这～是怎么回事？"。（二）毕竟，如"～是南方比北方热一些"。这跟"终于"的区别是很明显的。

【终于】zhōngyú 一般用于书面语。可以说成"～……了"，也可以不带"了"（例③）。例：①～这流言消灭了。（鲁迅《藤野先生》）②科学～以伟大的不可抑制的力量战胜了神权。（竺可桢《哥白尼》）③一九二三年，他～离开家，和几个朋友结伴到四川去办学校。（陶承《我的一家》）

——张志毅、张庆云《新华同义词词典》

《现代汉语同义词词典》只是分别释义，没有辨析；《新华同义词词典》分析了同和异，但过于简略，仍然难以掌握。

从汉语二语教学中的情况看，学习者最感困惑、最需要弄清的问题是：近义词的相同之处是什么？不同之处是什么？是否可以互相替换？什么情况下可以互相替换？什么情况下不能互相替换？替换后意义有无改变？

针对这些问题，我们主张采取既析同又辨异、以辨异为主的释义原则。就是既分析近义词的相同之处，说明其共同特征；也分析不同之处，说明其区别性特性，重点在分析说明差异。例句以自拟为主，实用且浅显易懂。如：

终于—到底

【相同】——析同

都表示经过很长的过程之后，最后（出现了某种结果），用于如意的结果时，常可互换：

（1）小王刻苦复习了两年，到底考上了研究生。（终于√）

（2）经过激烈的争夺，巴西队终于拿到了金牌。（到底√）

【不同】——辨异

1."到底"可以用于不如意、不希望出现的事，用于否定句，后面常有"还是"；"终于"多用于如意的、希望出现的事，一般不用于不如意的事，不用于否定句：

（1）双方打得非常艰苦，蓝队到底没能赢这场比赛。（终于×）

（2）试验做了几十次，到底还是失败了。（终于×）

2.用于肯定句时，"到底"修饰的动词后一定要加"了"；"终于"修饰的动词后可以不加"了"：

（1）经过顽强拼搏，约翰到底获得了冠军。（终于√）

（2）经过顽强拼搏，约翰终于获得冠军。（到底×）

3."终于"可以用在主语前，后面有逗号；"到底"不能这样用：

（1）找了几家书店，终于，我找到了那本书。（到底×）

(2)刻苦训练了几年,<u>终于</u>,他成为了世界冠军。(到底×)

4."到底"还可以表示追问,相当于"究竟";还表示强调原因,相当于"毕竟";"终于"不能:

(1)晚会<u>到底</u>是星期六还是星期天举行?(终于×)

(2)小王<u>到底</u>还年轻,身体恢复得很快。(终于×)

三 析同

选定了要辨析的近义词语、制定了辨析原则,就进入第三个步骤——析同。析同,即描写近义词语意义和用法上的共同点,说明能否互换、在何种条件下能够互换、互换后意义有无变化等问题。这种描写要简明扼要,不能过于烦琐。如:

同样——一样

【相同】

都是形容词,表示人或事物相同、没有差别,都可以充当定语或状语:

(1)我买了两条<u>同样</u>颜色的围巾。(一样 √)

(2)他们两个人<u>一样</u>能干,<u>一样</u>聪明。(同样 √)

然后——以后

【相同】

都表示某一事件发生在另一事件之后。但意思和用法都有不同,一般不能互换。

> **帮助——协助**
>
> 【相同】
>
> 都是动词，表示替人出力，给别人援助；都可以充当谓语、宾语。有时可以互换，但互换后两者的意思有区别："帮助"是帮助别人做某个工作，工作是别人的，帮助者可以代替被帮助者成为主要力量；"协助"是配合别人做某个工作，工作是共同的，协助者和被协助者有主次之分，协助者不能成为主要力量：
>
> （1）我们会帮助他完成这项任务的。（协助 √）
>
> （2）你一定要协助他搞好这项工作。（帮助 √）
>
> （3）在大家的帮助下，工作进行得很顺利。（协助 √）
>
> （4）谢谢你们的大力协助。（帮助 √）

"同样——一样"词性相同，意义相同，在充当定语和状语时可以互换；"然后—以后"意义虽有相近，但意义和用法都有不同，不能互换；"帮助—协助"词性和语法功能相同，意义相近，虽可互换，但互换后意义有区别。这些都在"析同"时说明。

四 辨异

分析近义词语的差异，是近义词辨析的第四个步骤，是近义词辨析的重点。辨异要细，要逐条做细致的分析，要分析具体有哪些差异，说明什么情况下不能互换。如：

> **同样——一样**
>
> 【不同】
>
> 1."一样"可以充当谓语，可以充当补语；"同样"无此用法：

（1）别以为只有你着急，其实大家都一样。（同样×）

（2）你们两个长得一样，是双胞胎吧？（同样×）

2."一样"可以和"跟""像""和"配合使用，构成"跟（像、和）……一样"的格式，表示两个事物间有相似之处；"同样"无此用法：

（1）他喝醉了，走路摇摇晃晃的，跟鸭子一样。（同样×）

（2）我们要像尊重自己的父母一样尊重其他的老人。（同样×）

（3）越南和中国一样，非常重视过春节。（同样×）

3."同样"可以做连词，表示跟前一小句说的道理或情况相同；"一样"没有这个用法：

（1）学习一种语言不容易，同样，了解一个民族的文化也不容易。（一样×）

（2）他了解我，同样，我也了解他。（一样×）

帮助—协助

【不同】

1."帮助"是帮助别人做某个工作，工作是别人的，帮助者可以代替被帮助者成为主要力量；"协助"是配合别人做某个工作，工作是共同的，协助者和被协助者有主次之分，协助者不能成为主要力量：

（1）林辉太累了，让他休息，我们帮助他做完这件事。（协助×）

（2）这个工作由老李负责，小王协助。（帮助×）

2."帮助"可以用于多个方面，"协助"一般只用于工作、工程、任务等重要方面：

（1）小王经济上有困难，我们应该<u>帮助</u>他。（协助×）

（2）李华一直<u>帮助</u>玛丽学汉语，所以玛丽汉语进步很快。（协助×）

（3）由于多个单位大力<u>协助</u>，工程进展得很顺利。（帮助×）

3."帮助"可以做"有、给"的宾语，可以受"很大、很多、一些"等修饰；"协助"没有这样的用法：

（1）在工作上，他给了我很多的<u>帮助</u>。（协助×）

（2）学习电脑知识，对我们工作很有<u>帮助</u>。（协助×）

（3）刚到公司工作的时候，他对我的<u>帮助</u>很大。（协助×）

然后—以后

【不同】

1. 都可以用在两个分句之间，但意思有差别，不能互换："然后"表示后一件事紧接前一件事发生，"以后"表示说话的时间之后或某一时间之后，时间不确定：

（1）小王先把孩子送到幼儿园，<u>然后</u>，才去上班。（以后×）

（2）我走了，<u>以后</u>，咱们会再见面的。（然后×）

2."以后"可以放在短语之后，还可以充当定语；"然后"没有这些用法：

（1）毕业<u>以后</u>，田中再也没来过。（然后×）

（2）起床<u>以后</u>，我就去上课了。（然后×）

（3）阿里前年回国，<u>以后</u>的情况就不知道了。（然后×）

3."以后"可以用在单句的句首或主语之后，表示将来的时间；"然后"不能用于单句：

（1）<u>以后</u>，我们就是朋友了。（然后×）
（2）咱们<u>以后</u>保持联系。（然后×）

在逐条说明差异时，应先说意义的差异，再说用法的差异；先说相同或相近义项的差异，后说不同义项的差异。

第二节　辨析的方法

在辨析近义词时，主要可以采用概括描写、分析对比、替换分析、语料库分析四种方法。

一　概括描写

所谓"概括描写"，就是对一组近义词相同或相近的意义、用法概括地进行描写、说明能否互换及互换的条件，不分别对每个词进行释义。这种方法用于"析同"。

二　对比分析

所谓"对比分析"，就是对一组近义词的意义、语法特征、句法功能、组合分布、语用特点等进行全方位的对比，找出差异，这种方法用于"辨异"。

三　替换分析

在近义词的学习中，学习者提出最多的、最想知道的就是一组近义词能否互换，什么时候能互换，什么时候不能互换。针对学习者的这些问题，辨析近义词时需要进行"替换分析"。这是汉语二语教学中近义词辨析的特殊需要，是不可缺少的方法。

所谓"替换分析",就是在句子中,用同组的近义词语来互相替换,说明能否互换,分析互换的条件和不能互换的条件。在书面上(教材和工具书中)可以采用符号来标示替换的情况:"√"号表示可以替换,"×"号表示不能替换。这种标示能清晰地显示近义词语的替换情况,帮助学习者了解近义词的异同,从而减少偏误。

请看具体例子中三种方法的运用。

按照—根据

【相同】——概括描写+替换分析

都是介词,引进行为的依据。跟"法律、规定、经验、方案、意见、要求"等词组合成介词短语,常可互换:

(1)我打算按照时间顺序来写这篇文章。(根据√)

(2)这个问题应按照公司的规定处理。(根据√)

(3)根据法律规定,父母的财产由子女继承。(按照√)

(4)我们应当根据外国学生学习的特点和要求来进行教学。(按照√)

【不同】——对比分析+替换分析

1."按照"还可以引进行为的某种标准或要求,"按照A"就是把A作为标准,照着A的要求做事或计算;此时不能用"根据":

(1)请大家按照规定的时间交试卷。(根据×)

(2)凡是不来上课又不请假的,就按照旷课处理。(根据×)

(3)按照每把椅子50元计算,150把椅子需要7500元。(根据×)

2."根据"还可以引进行为的基础,"根据A"就是把A作为基础,在这个基础上做某事或得出某个结论;此时不能用"按照":

(1)这部电视剧是根据中国古典小说《西游记》改编的。(按照×)

(2)根据警方调查,李小姐的死与两个人有关。(按照×)

（3）这个结论是<u>根据</u>多次调查得出的，很可靠。（按照×）

3."根据"还有名词的用法，"按照"没有：

（1）你说他贪污了公司的钱，有什么<u>根据</u>？（按照×）

（2）我这么说是有<u>根据</u>的，不是随便乱说的。（按照×）

抱歉—道歉

【相同】——概括描写+替换分析

都表示对不起别人、心中不安，都能充当谓语。但意思和用法都有不同，不能互换。

【不同】——对比分析+替换分析

1."抱歉"是形容词，指不安的感觉、心情；"道歉"是动词，指一种具体的行为，即承认错误的行为。"道歉"是"抱歉"的外部表现，"抱歉"是"道歉"的内部原因：

（1）我迟到了，感到十分<u>抱歉</u>。（道歉×）

（2）你损害了林先生的名誉，应当向他公开<u>道歉</u>。（抱歉×）

2."抱歉"可以用于直接向别人表示歉意，可以受"很、非常、十分"等程度副词修饰，可以充当状语；"道歉"没有这样的用法：

（1）我来晚了，<u>抱歉</u>！<u>抱歉</u>！（道歉×）

（2）对于这次发生的事情，我非常<u>抱歉</u>。（道歉×）

（3）他<u>抱歉</u>地说："对不起，给你添麻烦了。"（道歉×）

3."道歉"多数要讲明对象，常用在"向……道歉"的格式中；中间还可以插入一些词语：

> （1）你应该向他赔礼道歉。（抱歉×）
>
> （2）我误会他了，已经向他道过歉了。（抱歉×）

从以上分析可以看出，从大的方面来看，近义词存在四种情况：（1）意义相同，用法相同，可以互换。（2）意义相近，用法不同，不能互换。（3）意义相同，用法有同有异，有时可以互换，有时不能互换。（4）意义相近，用法有同有异，有时可以互换，有时不能互换。这正好与前面依据意义和用法做出的分类相对应。据考察，第一种情况很少，第二种情况数量也不多，且不复杂，而第三、四种情况则大量存在，且较复杂。近义词的辨析主要应针对这两种情况进行。

四 语料库分析

在辨析中，如何准确说明用法、保证例句的规范性，是一个非常突出的问题。汉语二语教学中的近义词辨析以自拟例句为主，注重说明用法、说明能否替换，因此，汉语教师常常会遇到这样的困扰：这个词语能不能这样用？能不能做某个句子成分？是什么词性？这两个词能否互换？这个句子是否规范？等等，诸如此类的问题，工具书常常说法不一，大家的意见也不一致，难以确定。

要解决这些问题，最便捷而科学的方法是：利用语料库，查找该词的例句，全面收集、了解当前该词的使用情况，然后进行分析，最后做出结论。比如：关于"低—矮—短"的差异，不少工具书都说形容人的个子、房子、桌子等只能用"矮"，不能用"低"。但是实际上也有不少地区用"低"来形容人或房子，在北京大学汉语语言学研究中心的CCL语料库中也查找到一些这样的例句，虽然不是很多。

高个子叫张宏涛，低个子叫许桂军 / 一个低个子黑瘦青年走了过来 / 我个子低，皇帝个子高 / 他们人小个子低 / 房子很低，好像临时砌成……

所以，我们可以这样说明：

表示人或物体的高度小,一般用"矮",少用"低",不用"短"。

又如:关于"颇—颇为"的差异,人们对"颇"能否修饰双音节形容词看法不一,各工具书的看法也不一致。在北京大学汉语语言学研究中心的CCL语料库中进行查找,"颇"修饰双音节形容词的用例虽然比"颇为"少得多,但也有不少用例。

汉语中的语音平面也颇重要 / 睡眠在一年中有颇重要的作用 / 这叫赵太侔一时感到颇为难 / 他颇自信地表示……

而在百度搜索到"颇"修饰双音节形容词的句子则数不胜数,据此确定:"颇"也可以修饰双音节形容词。

第三节 辨析的框架

所谓"辨析框架",就是将辨析的具体途径、层次与细则整合成为一个完整的系统。

以往近义词的辨析,大多从理性意义、附属意义、搭配三个方面进行,框架比较粗略,缺少具体的、易于把握的细则,不能满足汉语二语教学的需要。

我们主张:从语义、句法和语用三个范畴来对近义词进行分析对比,在语义、句法、语用三个范畴内再分出不同的对比项目,而在每个对比项目之内,再分出更为具体细致的识别因素,有的识别因素之内甚至又可分出更加细小的子因素。这样由大到小,层层深入、环环相扣地对近义词进行全面细致的分析对比,找出其异同。下面对各个对比项目和识别因素进行说明。

一 语义对比项目

近义词之间的差异是多方面的,其中最根本的差异是语义差异,语义差异会造成结构组合方面的差异。相对说来，语义差异是内在的，细致微妙，比较难把握。

语义范畴主要有五个对比项目：语义重点、语义强度、语义范围、语义适用、义项差异。其中语义重点、语义适用是最复杂的对比项目。

（一）语义重点

有些近义词语虽然基本语义差不多，但要强调的重点却有不同。有的侧重于这个方面，有的侧重于那个方面；有的有这个意思，有的没有这个意思。具体来说，名词、代词表现在所指称人或事物的特点存在差异，动词表现在动作行为的特点存在差异，形容词表现在性质状态的特点存在差异，副词表现在情状的特点存在差异等。如：

借口—理由 都指行为的道理或原因。"借口"主要指为自己的错误或让人不愉快的事情找出来的原因，是假的；"理由"主要指通过分析、研究而寻找出来的做某事的道理，是真的。如：他说身体不舒服，不能参加，其实不过是个借口（理由×）｜你有什么理由不让他去（借口×）。

总额—总值 都表示钱的总数。"总额"主要指收入或支出的钱的总数；"总值"主要指所有产品总的价值。如：这个商场一天的营业总额高达五百万元（总值×）｜她每个月生活消费总额大约两千元左右（总值×）｜今年这个工厂的生产总值比去年增长了9%（总额×）。

摆脱—脱离 都表示离开。"摆脱"强调"摆"，主要是主观上使自己甩掉不好的情况或人；"脱离"强调"离"，主要是客观上断绝了某种联系。如：为了摆脱苦恼，她决定出去旅游（脱离×）｜医生说她已经脱离了危险（摆脱×）。

降—落 都表示从高处到低处。"降"强调人为地下降；"落"强调不能控制地或无意识地下降。如：吃了药，我的体温降到了37度（落×）｜一个苹果从树上落下来了（降×）。

不一定—说不定 都表示不能肯定。"说不定"侧重表示可能、可能性大；"不一定"侧重表示不可能、可能性不大。如：再等一会儿吧，他说不定会来（不一定×）｜别等了，他不一定会来（说不定×）。

简单—单纯 都表示不复杂。"简单"主要形容事物不复杂、不难，容易理解、使用或处理；"单纯"主要形容事物单一，只涉及一个方面。如：我喜欢简单的生活，有吃有住就行了（单纯×）｜她很单纯，很善良（简单×）。

精美—精致 都形容物品精巧细致。"精美"主要强调"美"，精巧漂亮；"精致"主要强调"致"，细致别致。精美的东西一定精致，精致的东西不一定精美。如：这些精美的丝织品来自中国（精致√）｜电视机上有许多精致的小零件（精美×）。

每—各 都表示全部包括。"每"主要表示总体中的任何一个个体，强调全体都一样，没有例外；"各"主要表示总体中不同的个体，强调的是不同。如：每种水果买一斤（各×）｜这个超市有各种水果卖（每×）。

支—条 都是量词，用于细长状的东西。"支"主要用于硬的东西，"条"主要用于软的东西。如：一支笔、一支蜡烛、一支枪（条×）｜一条鱼、一条毛巾、一条绳子（支×）。

次—遍 都表示动作的量。"次"强调动作发生的数量，主要说明事情重复发生；"遍"强调动作从开始到结束的整个过程。如：这个电影我看了三次，都没看完（遍×）｜这个电影我从头到尾看了三遍（次×）。

不觉—不禁 都表示不由自主。"不禁"主要表示控制不住自己；"不觉"主要表示没有感觉到、没有意识到。如：老板气极了，不禁大骂起来（不觉×）｜张文只顾着低头想问题，不觉已走过了图书馆（不禁×）。

悄悄—偷偷 都表示不让人发现。"悄悄"主要表示声音小或动作轻，目的是不影响、不干扰别人、不引起别人注意；"偷偷"主要表示不愿让人知道，瞒着别人，目的是害怕、担心被人发现。如：阅览室很安静，我悄悄走进去，找了个座位坐下来（偷偷×）｜虽然父母反对，他们还是偷偷结了婚（悄悄×）。

"语义重点"的分析，适用于所有近义词。

（二）语义强度

语义强度指语义的轻重程度及语气的强弱。如：

爱—热爱 "热爱"比"爱"的程度高，语气也要强烈一些。

非常—异常 "异常"的程度比"非常"高。

语义强度有差异的词语不少，又如"希望—渴望""失望—绝望""轻视—蔑视""请求—恳求""着急—焦急""白—白白""务必—必须""连—连连"等，都是后者程度高于前者，语气强于前者。

"语义强度"的差异，主要适用于分析近义动词、形容词、副词。

（三）语义范围

语义范围中有两类识别因素：一是所指对象规模、范围的大小，二是所指对象数量的多少。如：

实验—试验 "实验"的规模比"试验"大，一项"实验"中往往包括多次"试验"。

战争—战役—战斗 "战争"的规模比"战役""战斗"大，"战争"里包括多次"战役""战斗"。

工资—收入 都指因为工作或劳动而得到的钱。"工资"是固定工作按期拿的钱，"收入"指所有收进来的钱。"收入"比"工资"范围大、数量多。如：他每个月的收入，三分之一都用来买书（工资√）｜他每个月的收入包括工资、奖金，还有出租房屋的租金（工资×）。

假日—假期 "假日"的时间比较短，"假期"的时间比较长。如：我有一个月假期（假日×）｜国庆节是个法定假日（假期×）。

此刻—此时 "此刻"表示某一短暂的时间点，"此时"可以表示短暂的时间点，还可以表示稍长的时间段。"此时"比"此刻"的时间范围大，如：走上领奖台，<u>此刻</u>他的心情非常激动（此时√）｜昨天他加班到深夜，<u>此时</u>地铁已停运（此刻×）。

本质—性质　"本质"只有一个；"性质"可以有多个，性质的数量比本质多。如：语言有以下几个<u>性质</u>（本质×）｜我们要透过现象去发现事物的<u>本质</u>（性质×）。

颗—粒　都指小而圆的东西。"粒"的形状比"颗"更小。如：一<u>颗</u>珍珠、一<u>颗</u>花生（粒√）｜一<u>颗</u>心（粒×）｜一<u>粒</u>沙子（颗×）。

多少—几　都可以询问数量。"多少"所指的数量可大可小，"几"所指的数量一般在10以内。

"语义范围"的差异，主要适用于分析名词及少数量词、数词。

（四）语义适用

语义适用主要有以下识别因素：适用对象、适用行为、适用情况、适用时间等。其中各自又有一些更小更具体的子因素：对象是人还是事物、是个人还是集体、是自己还是别人、是具体事物还是抽象事物、是社会现象还是自然现象、是积极行为（好的、希望的）还是消极行为（不好的、不希望的）、是具体动作还是抽象行为、是好的情况还是不好的情况、事情发生的时间是过去还是将来、是时间点还是时间段等。

来源—源泉　"来源"多用于具体的事物，"源泉"多用于抽象的事物。如：经济<u>来源</u>（源泉×）｜力量的<u>源泉</u>（来源×）。

智力—智慧　"智力"是个人的，"智慧"还可以是集体的。如：学校每个学期都举行<u>智力</u>竞赛（智慧×）｜人类用自己的<u>智慧</u>改造自然（智力×）。

自己—本人　"自己"可以指代动植物，"本人"只可以指代人。如：植物依靠<u>自己</u>的叶子进行光合作用（本人×）｜这是中国<u>自己</u>的事，别国不应干涉（本人×）。

相信——信任 "相信"的对象是人也可以是事，"信任"的对象只能是人；"相信"的对象可以是自己，"信任"的对象只能是别人。如：我不相信这件事（信任×）｜我相信自己，我一定能成功（信任×）。

变化——变动 "变化"既适用于自然现象，也适用于社会现象；"变动"只用于社会现象。如：这几天天气变化很大（变动×）｜你的工作最近会有变动（变化√）。

受到——遭到 "遭到"只用于不好不幸的情况，"受到"还可以用于好的情况。如：受到表扬、受到欢迎、受到重视（遭到×）｜受到打击、受到反对、受到破坏（遭到√）。

美丽——漂亮 "美丽"不能形容男性。如：那里住着一个美丽的姑娘（漂亮√）｜那个漂亮的小伙子是玛丽的男朋友（美丽×）。

共同——一同 "一同"可以修饰具体的动作，"共同"只能修饰抽象的行为。如：共同奋斗，实现理想（一同√）｜她说明天和我一同去上海（共同×）。

朝——往 "往"的对象只能是方位或处所，不能是人。"朝"没有这个限制。如：往前、往门外看（朝√）｜朝张老师招手（往×）。

又——再 "又"用于过去时，"再"用于将来时。如：他昨天又来了（再×）｜我明天再来（又×）。

立刻——马上 都表示事情或动作发生得很快，但"立刻"修饰的动作行为是在很短时间内很快发生的，而"马上"修饰的动作行为可以是短时间内发生的，也可以是较长时间内发生的。如：下个月马上就要毕业考试了，你们准备得怎么样？（立刻×）｜听说下星期马上要来一位新校长（立刻×）。

一再——再三 "一再"可以修饰消极行为，"再三"一般修饰积极或中性的言语行为。如：一再迟到、一再失败、一再拒绝、一再拖延（再三×）｜

再三强调、再三说明、再三叮咛（一再√）。

照样—照常　"照样"可以修饰不好的行为，"照常"不能。如：批评了他几次，他还是照样迟到（照常×）｜从监狱出来以后，他照样偷东西（照常×）。

除非—只有　"除非"引进的条件可以是虚假的、不可实现的；"只有"引进的条件不能是虚假的。如：除非太阳从西边出来，我们才相信你的话（只有×）｜除非大海里的水都干了，我才会回来（只有×）。

既……也……—既……又……　都表示两种情况并存。"既……也……"适用于连接两种性质相同的情况，"既……又……"还可以适用于两种性质相反的情况。如：他既懂汉语，也懂日语（既……又……√）｜他既想学功夫，又怕吃苦（既……也……×）。

"语义适用"的分析，适用于所有近义词。

（五）义项差异

义项差异指的是在相同或相近的义项以外的意义差异，这是二语学习者所需要的一项特殊的语义分析。一组近义词，常常其中一个是多义词，或者都是多义词，除了相同或相近的义项外，还有一些不同的义项。有些不同义项的差异往往与相近义项关系很紧密，中国人不用讲就明白，可外国人弄不明白，需要说清楚。当然，并不是所有义项都要说明。如果这些不同义项在意义上与近义义项有关联，容易混淆，就应当加以说明。如：

差距—距离　都表示离某一标准、要求还不够。如：中国经济与发达国家相比，还有差距（距离√）。"距离"还表示两地或两物之间的长度，"差距"无此义。如：冰箱和电视机之间要保持一定的距离（差距×）。

爱—喜欢　都表示对人、物或事有感情、感兴趣。如：爱孩子、爱唱歌（喜欢√）。"爱"还可表示"容易、经常发生"，"喜欢"无此义。如：爱感冒、爱哭（喜欢×）。

比较—对比　都是动词，表示把东西放在一起比，找出异同或优劣。如：经过比较，发现这是一张假币（对比√）。"比较"还是副词，表示程度；"对比"无此义。如：我比较喜欢流行歌曲（对比×）。

大约—约　都表示对数量不精确的估计。如：参加会议的大约有40人（约√）。"大约"还表示对情况的推测，"约"无此义。如：看她的打扮，大约是韩国人吧（约×）。

并—并且　都是连词，连接动词或动词短语，表示两个动作行为同时或先后发生。如：只要完成学习并通过考试，就可以获得学位（并且√）。"并"还有副词的用法，放在否定词之前，加强否定的语气；"并且"无此义。如：她并不知道这件事，你别怪她（并且×）。

为—为了　都可以组成介词短语，表示原因或目的。如：为我们的友谊干杯（为了√）。"为"还可以引出动作行为的对象，相当于"给、替"；"为了"无此义。如：你不要为她担心（为了×）。

如果不同义项与近义义项意义相差较远，不易混淆，就不做说明。如：

家—家庭　都指有婚姻关系和血缘关系的社会单位。"家"还可做量词，表示家庭、商店、医院等的计量单位，这个义项不易与"家庭"混淆，因此不用列为差异。

"义项差异"的分析，适用于所有近义词。

在语义对比项目中，语义重点、语义适用的差异最多最复杂，是辨析的难点和重点。

二　句法对比项目

相对来说，近义词意义的差异往往是复杂微妙、难以把握的，而结构组合方面的差异是外在的，比较具体实在，易于把握。对于第二语言学习者来说，不能只停留在意义的分析上。因此，在汉语二语教学中，特别要注重找出句法形式上的差异。句法范畴主要有三个对比项目：语法特征、组合分布、句类句型句式。其中，组合分布是最为复杂的，包含的识别因素最多。

（一）语法特征

这个对比项目有四类主要识别因素：词性、句法功能、能否重叠、中间能否插入词语等。

词性和句法功能的差异存在于所有近义词。词性不同，功能不同；词性相同，功能也有不同。如：

强大—壮大 "强大"是形容词，可以充当定语，充当谓语不能带宾语；"壮大"是动词，不能充当定语，可以带宾语。如：我们有<u>强大</u>的军队（壮大×）| 她的内心很<u>强大</u>（壮大×）| 各个企业都在<u>壮大</u>自己的力量（强大×）。

相互—互相 "相互"是形容词，可以充当状语、定语；"互相"是副词，只能充当状语。如：他们<u>互相</u>信任，关系非常好（相互√）| 要弄清两件事之间的<u>相互</u>关系（互相×）。

其实—实际上 "实际上"可以充当定语，"其实"不能。如：他每个月<u>实际上</u>的收入超过一万元（其实×）| <u>实际上</u>的困难比预想的还要大（其实×）。

重叠的差异主要存在于动词、形容词、少数副词。如：

认得—认识 "认识"可以重叠为"认识认识"，"认得"不能重叠。

还有"老实—诚实""表示—显示""简单—单纯""急忙—连忙""孤单—孤独""考虑—着想""陆续—先后"等，都是前者可以重叠，后者不能重叠。

插入的差异主要存在于动宾结构的词语。如：

帮忙—帮助 "帮忙"中间可以插入词语，"帮助"不能。如：<u>帮</u>个<u>忙</u>（帮助×）| <u>帮</u>我一回<u>忙</u>（帮助×）。

还有"道歉—抱歉""伤心—悲伤""吵架—争吵""出名—著名""谈

话—交谈"等，都是前者可以插入词语，后者不能。

（二）组合分布

组合分布主要分析词语所处语言结构的不同，具体来说就是在使用时，一组近义词中各个词语分别可与哪些词、哪些结构组合，不能与哪些词、哪些结构组合；可以出现在什么样的结构环境中，不能出现在什么样的结构环境中。

这个对比项目中的识别因素主要有四类：句中位置、前接成分，后接成分、音节数量。每类之中又可分出更小更具体的子因素。

1. 句中位置

句中位置指近义词语在句子中的位置，还可以具体分为：主语前、主语后、句首、句中、复句中的哪个分句、能否独立使用等。如：

好—以便 "好"位于主语之后，"以便"位于主语之前。如：请留下电话号码，我们好与你联系（以便×）|请留下电话号码，以便我们与你联系（好×）。

以后—以来 "以后"可以独立使用，也可以用在词语之后；"以来"必须用在词语之后。如：1984年以后，他一直在广州工作（以来√）|以后，你不要来了（以来×）。

一些—有些 "一些"可以充当主语的定语，也可充当宾语的定语，"有些"只充当主语的定语，不充当宾语的定语。如：最近，有些同学经常迟到（一些√）|她给了我一些复习资料（有些×）。

因为—由于 "因为"既可用于前一分句，又可用于后一分句；而"由于"只能用于前一分句。如：因为时间不够，所以文章没写完（由于√）|文章没写完，因为时间不够（由于×）。

多亏—幸亏 "多亏"只能放在主语之前；"幸亏"可以放在主语之前，也可以放在主语之后。如：多亏警察及时赶到，才把他救了出来（幸亏√）|突然下起了雨，我幸亏带了把伞（多亏×）。

偏—偏偏 "偏"只能用在主语之后，不能用在主语之前；"偏偏"可

以用在主语之后，也可以用在主语之前。如：妈妈让张小明去跑步，他偏不去（偏偏√）| 花园里的花都开了，偏偏牡丹迟迟不开（偏×）。

通常—往往 "通常"可以用在主语之前，也可以用在主语之后；"往往"只用在主语之后。如：年轻人往往不懂得爱惜自己的身体（通常√）| 通常我们先去酒吧喝酒，然后再去唱歌（往往×）。

"句中位置"的差异，主要存在于副词、连词和时间名词，因为这些词语在句子中常有不同的位置。

2. 前接成分和后接成分

前接成分指近义词前面出现的词语，后接成分指其后面出现的词语；前接成分和后接成分，实际上就是谓语与宾语、补语的搭配组合，定语、状语与中心语的搭配组合问题。具体又可以考虑以下子因素：前后的成分是名词性的还是动词性的，是哪类名词或动词，是光杆词还是短语或句子等复杂形式，前面是否可有否定词和程度副词、是否有固定的习惯搭配等。如：

办法—主意 "办法"和"采取、用"等词语搭配，"主意"和"想、出、改、拿、坏"等词语搭配。如：你给我出个主意吧（办法×）| 用这个办法不行（主意×）。

各—每 "各"的后面可以直接跟表示单位、组织、机构的名词，"每"后面的名词前要加量词或"一＋量词"的短语。如：各国、各省、各学校、各年级（每×）| 每个省、每个学校（各√）| 每一个人、每一个学校（各×）。

二—两 "两"的后面可以是一般量词，"二"不能。如：两次、两个、两棵、两趟、两句、两盘（二×）。

懂—懂得 "懂"可以不带宾语，"懂得"一般要带宾语。如：我讲了几遍，你怎么还不懂（懂得×）| 我懂了，谢谢你（懂得×）| 通过这件事，他懂得了没有劳动就不会有收获（懂√）。

考虑—想 "想"之后可以有"起、起来、出来"等词语,"考虑"不能。如:我想起了一件事(考虑×)| 我想起来了(考虑×)。

祝福—祝愿 "祝福"可以不带宾语,"祝愿"要带小句宾语。如:大家都为他们祝福(祝愿×)| 祝愿你心想事成(祝福×)。

忍不住—受不了 "忍不住"后面须带动词性词语,"受不了"后面要带名词性词语。如:他忍不住哭了起来(受不了×)| 我受不了他的态度(忍不住×)。

急忙—匆忙 "匆忙"可以受否定词和程度副词修饰,"急忙"不可以。如:他走得很匆忙(急忙×)| 他看起来并不匆忙(急忙×)。

一连—连连 后面都要跟动宾结构,但"一连"之后的动宾结构中必须有数量结构,而"连连"之后的动宾结构中可以没有数量结构,也可以有数量结构。如:连连点头(一连×)| 连连后退了几步(一连√)| 连连听了三个小时录音(一连√)。

按照—根据 "按照"后面可以是顺序、时间、日期、比例等名词,"根据"不能。如:这篇文章是按照时间顺序写的(根据×)| 大家要按照规定的时间完成作业(根据×)。

要么—或者 均表示选择关系,但"或者"可以连接名词、代词充当主语或宾语,"要么"不行。如:玛丽或者丽莎去接你(要么×)| 你去买点西红柿或者洋葱(要么×)。

免得—以免 "免得"前面可以有"也、又、就"等副词,"以免"前面不能有这些词。如:合租房子可以互相照顾,也免得多花钱(以免×)| 你自己来最好,就免得我去请你了(以免×)。

前接成分和后接成分的差异,存在于所有近义词。

3. 音节数量
音节数量不同的一组近义词在组合搭配时,对音节数量有不同的要求。如:

家—家庭 "家庭"可以和双音节词语搭配,"家"不能。如:家庭幸福、家庭破裂、家庭成员、家庭住址(家×)。

等—等候 "等"可以带单音节宾语,"等候"一般不带单音节词。如:我在等车(等候×)|他在等人(等候×)。

晴—晴朗 "晴"可直接用于单音节名词前,中间不能加"的";"晴朗"可用于单音节名词之前,也可用于双音节名词之前,但中间要加"的"。如:晴天、晴空(晴朗×)|晴朗的天、晴朗的天空(晴×)。

何—什么 "何"多与单音节词语搭配,"什么"多与双音节词语搭配。如:何时、何地、何处(什么×)|什么时候、什么地方、什么事情(何×)。

恐怕—也许 "也许"可以直接修饰单音节动词,"恐怕"不能。如:他今天也许来(恐怕×)。

极—极为 "极"可以修饰单音节词,"极为"不能。如:车开得极快(极为×)。

难—难以 "难"可以修饰单音节词,"难以"不能。如:这件事很难办(难以×)。

(三)句类句型句式

1. 句类

"句类"又有一些子因素:陈述句、疑问句、祈使句、感叹句、反问句、肯定句、否定句等。如:

谦虚—虚心 "谦虚"可用于否定式祈使句,而"虚心"不可以。如:别太谦虚了!(虚心×)。

好多—许多 "好多"可用于感叹句,"许多"不能。如:看!好多花啊!(许多×)。

还—再 "还"可用于是非问句和正反问句,"再"不能。如:你明天

还去吗？（再×）| 你明天还去不去？（再×）。

千万—万万　"千万"可以用于肯定句，"万万"只用于否定句。如：你千万要小心（万万×）| 你可千万要帮帮我（万万×）| 你们万万不可粗心大意（千万√）。

还是—或者　"还是"一般用在疑问句中，"或者"一般用在陈述句中。如：你喜欢红色还是蓝色？（或者×）| 暑假我想去桂林或者昆明（还是×）。

快—赶快　都可以用于祈使句。"赶快"还可以用于陈述句，"快"不能用于陈述句。如：赶快走吧，不然就迟到了（快√）| 他一看见爸爸，就赶快往楼上跑（快×）| 回到家，我赶快给小李打了个电话（快×）。

吗—呢　都可以用在疑问句末，但"吗"只用于是非疑问句，"呢"不用于是非问句，只用于特指问句、选择问句和正反问句。如：你是韩国人吗？（呢×）| 他在找什么呢？（吗×）| 你是喝茶还是喝咖啡呢？（吗×）| 你喜欢不喜欢他呢？（吗×）

何况—况且　都可以用于陈述句，"何况"还可以用于反问句，"况且"不能。如：现在找工作本来就难，何况他又没学历没技术，那就更难了（况且√）| 这本教材中级班学都困难，何况初级班（况且×）。

2. 句型

"句型"主要的子因素有单句、复句等。如：

尤其—特别　"特别"可以用在单句中，"尤其"只用在复句的后一分句。如：我今天特别高兴（尤其×）| 今天天气特别好（尤其×）| 学语言要多练习，尤其要多说多听（特别√）。

以后—然后　"以后"可以用在单句中，"然后"不能用于单句，只用在复句的后一分句。如：以后，我们就是朋友了（然后×）| 这事以后我再告

诉你（然后×）｜杰西总是先喝咖啡，然后再吃饭（以后×）。

尚且——况且　"尚且"可用在表示转折关系的复句中，"况且"只用在表示递进关系的复句中。如：他双腿虽不能走，双手尚且能动（况且×）｜还是我去吧，我有时间，况且我也熟悉情况（尚且×）。

既……又…… ——一方面……一方面……　都可以用于表示并列关系的复句，但"一方面……一方面……"还可以用于表示因果关系的复句，"既……又……"不能。如：我认为学习汉语既要重视听和说，又要重视读和写（一方面……一方面……√）｜一方面人口在增加，一方面土地在减少，这就导致了严重的社会问题（既……又……×）。

3. 句式

"句式"的子因素最多，主要有"把"字句、被动句、比较句、判断句、"是……的"句等。如：

采取——采用　"采用"可以用于被动句，"采取"不能。如：他的设计方案被采用了（采取×）。

变成——成为　"变成"可以用于"把"字句或"被"字句，"成为"不能。如：环境能把好人变成坏人（成为×）｜南瓜被神仙变成了一辆漂亮的马车（成为×）。

无比——无限　"无限"可以用在"是……的"句式中，"无比"不能。如：爱的力量是无限的（无比×）｜地球上的资源不是无限的（无比×）。

更——还　都表示比较，但"还"一般要用在"A比B……"的句式中，"更"可以不用在这个句式中。如：今天比昨天还热（更√）｜我觉得今天更热（还×）｜比起安娜来，玛丽的口语更好一些（还×）。

原因——缘故　"原因"常组成"……的原因是A"或"A是……的原因"的句式；"缘故"不能。如：他肚子痛的原因是喝了不干净的水（缘故×）｜喝了不干净的水是他肚子痛的原因（缘故×）。

违背—违反 "违背"可以组成"与/和……相违背"的句式;"违反"不能。如:你的行为和你的承诺是相<u>违背</u>的(违反×)|与人们利益相<u>违背</u>的规定是不合理的(违反×)。

要不—要么 "要么"可以组成"要么A,要么B"的句式;"要不"不能。如:你可以今天去,<u>要不</u>明天去也行(要么√)|<u>要么</u>今天去,<u>要么</u>明天去,都行(要不×)。

句类句型句式的差异,存在于所有近义词。

三 语用对比项目

语用范畴的对比项目有三个:风格特点、感情色彩、地方色彩。其中风格特点中的识别因素比较复杂,较难掌握。

(一)风格特点

风格特点在分析实词和虚词时都需要。其中主要有"语体"和"场合"两类识别因素,"语体"中又有更小的子因素:是用于口语还是书面语,是用于文学语体、新闻语体、公文语体还是科学语体等其他语体中;"场合"指在什么情况下使用,其中也有许多子因素:是用于正式场合还是非正式场合,具体用于什么样的场合等。如:

价格—价钱 "价格"口语、书面语都用,"价钱"一般用于口语;"价格"多用于正式场合,"价钱"多用于非正式场合。

存在语体差异的近义词语很多,又如"比较—较为""不见得—不一定—未必""再说—况且""买—购买""卖—售""什么—何""叫—让—被""差别—差异"等。

有些近义词语使用的具体场合有差异,请看例子:

没关系—没什么—没事儿 都表示"没问题,别在意",但使用的具体场合不同:安慰和劝解别人时用"没关系";谈论自己的不顺心事时,"没关系、没什么、没事儿"都可以用；回答"对不起"时，多用"没关系、没事儿"；回答"谢谢你"时，多用"没什么"。

确实——实在 都可以充当状语，表示肯定。如：别问我，这件事我<u>确实</u>不知道（实在√）| 我要睡觉了，我<u>实在</u>太困了（确实√）。但在回答别人的疑问或反驳别人的看法时，不能用"实在"，只能用"确实"。如：大卫<u>确实</u>是英国人，不是俄罗斯人（实在×）| 我<u>确实</u>把书给了小李，不信你去问（实在×）。

告别——告辞 都表示离开前告诉别人，但"告辞"可以当面对人说，"告别"不能。如：时间不早了，我<u>告辞</u>了！（告别×）| <u>告辞</u>了！再见！（告别×）。

老师——教师 "老师"可以用来当面称呼，"教师"不能。如：<u>老师</u>，这个词是什么意思？（教师×）

亲自——自己 在表示行动者对事情的重视、表示说话人对行动者的赞扬或歉意时，用"亲自"；不表示重视时，用"自己"。如：你不用<u>自己</u>来，打个电话就行了（亲自√）| 今天校长<u>亲自</u>去看望了他（自己×）。

风格特点的差异，存在于所有近义词。

（二）感情色彩

其中又有以下识别因素：是褒义、贬义还是中性，是尊敬还是一般等。实词有感情色彩，虚词没有。如：

男子——男子汉 "男子"是中性，无褒贬色彩；"男子汉"是褒义，指强壮坚强的男子。

目的——目标 "目标"是褒义，只用于积极方面，不用于消极方面；"目的"是中性，可以用于消极方面。如：他的<u>目的</u>太可耻了（目标×）| 她的<u>目的</u>是把公司搞垮（目标×）。

阻碍——阻止 "阻碍"是贬义词，其对象是好的事物；"阻止"是中性词，其对象可以是好的事物，也可以是不好的事物。如：任何力量都不能阻碍我们前进的脚步（阻止√）｜对这种不良行为，应当加以阻止（阻碍×）。

出生—诞生　"诞生"具有庄重尊敬的色彩，"出生"没有感情色彩。

个—名—位　"名"有庄重的色彩；"位"有尊敬、礼貌的色彩；"个"没有感情色彩。

简化—简单化　"简单化"有贬义，"简化"是褒义。

坚强—顽强　"坚强"是褒义；"顽强"是中性，可以用于形容坏人。如：敌人很顽强（坚强×）｜许多顽强的黑势力都被警方打掉了（坚强×）。

忠诚—忠实　"忠诚"是褒义，只形容好人；"忠实"是中性，可以形容坏人。如：他是我忠诚的朋友（忠实√）｜他是敌人的忠实走狗（忠诚×）。

尊敬—尊重　"尊敬"有尊敬的感情色彩，主要用于下级对上级、晚辈对长辈；"尊重"可以用于下对上、晚辈对长辈，还可以用于上对下、长辈对晚辈。如：我们都很尊敬张老师（尊重√）｜父母也应当尊重儿女（尊敬×）。

感情色彩的差异，主要存在于名词、动词、形容词。

（三）地方色彩

地方色彩是指词语是多用于北方还是多用于南方。实词和虚词都可能有地方色彩，但数量很少。如：

向—朝—往　都是介词，表示方向。在口语中，"向"多用于广东一带，"往、朝"多用于北方。

和—跟—同　都是连词，可以连接名词或代词。"跟"多用于北方，"同"用于广东一带，"和"通用的地区最广。

疼—痛、说—讲、低—矮　前者多用于北方，后者多用于南方。

经过统计，在语义、句法、语用三个对比项目中，语义重点、语义适用、不同义项及搭配组合、句型句式、风格特点、感情色彩这些识别因素在辨析中使用较多，比较重要。

由以上分析可以看出，近义词的词性不同，其对比项目及识别因素会有所不同。这里将近义词的分析框架总结如表4-1。

表4-1 近义词分析框架表

对比项目	识别因素	识别子因素
语义对比	语义重点	
	语义强度	A.程度高低；B.语气强弱
	语义范围	A.规模大小；B.数量多少
	语义适用	A.人/事/物；B.自己/别人；C.个人/集体；D.具体/抽象；E.社会/自然；F.过去/将来
	义项差异	
句法对比	语法特征	A.词性；B.重叠；C.插入成分；D.句法功能
	组合分布	A.句中位置；B.前接成分；C.后接成分；D.音节数量
	句类句型句式	A.陈述句/疑问句/祈使句/感叹句/反问句/肯定句/否定句；B.单句/复句；C."把"字句/"被"字句/比较句/判断句/"是……的"句等
语用对比	风格特点	A.语体；B.场合
	感情色彩	A.褒义/贬义/中性；B.对上/对下
	地方色彩	南方/北方

思考题

1. 你认为近义词辨析的原则是什么？
2. 请你根据本书提供的辨析原则、方法和框架辨析几组近义词。
3. 请你根据第二语言教学的实际对近义词辨析的框架进行补充和修改。

第五章　近义词辨析专题

> 有些近义词差异比较复杂，如"极力—竭力—尽力""一概—一律""向—朝—往""除非—只有""每天—天天"等。
> 怎样分析这些差异复杂的近义词？从哪些方面入手？

汉语近义词中，有些近义词之间的关系比较复杂，不那么容易搞清楚，需要对这样的近义词专门进行深入细致的研究。这种专题研究不仅有助于汉语二语教学，同时也有助于深化汉语的本体研究。这里，我们选取了五组较为复杂的近义词进行专题研究。

第一节　表示情态的"极力""竭力""尽力"

"极力—竭力—尽力"是一组意义非常接近的语言单位[①]，都表示用尽一切力量和办法去进行某种动作，或者做某件事情，以达到预期目的。有时三者可以互换，如例（2）（3）（5）；有时则不行，如例（1）（4）（6）。

（1）马大哥<u>极力</u>主张抓阄决定，孙老弟无论如何也不服从命令。（竭力 × 尽力 ×）

---

① 这里的语言单位包括词或大于词的单位。

（2）她极力维护自己端庄、威严而又不失温柔、宽厚的形象，但生活中始料不及的枝节旁生却使她难以保持理智的冷静。（竭力√　尽力√）

（3）我竭力控制自己的感情，说："你能告诉我他们的名字吗？"（极力√　尽力√）

（4）尽管医生竭力反对，我还是把狮王叫入场。分开它的上下颚。（极力√　尽力×）

（5）马锐也没有一丝得意的神情，尽力使自己在昏黄的灯下显得无辜、弱小。（极力√　竭力√）

（6）你们必须储蓄知识，将来好为国家尽力。（竭力×　极力×）

从现有工具书对三者的解释中也很难看到它们的区别。

　　竭力：尽力地。**尽力**：用一切力量。**极力**：用尽一切力量，想尽一切办法。（《现代汉语词典》）

　　尽力：用所有的力量。**竭力**：尽力，用完所有力量。（《商务馆学汉语词典》）

　　竭力：表示主观上尽全部力量，可以加"地"。**极力**：大力，尽一切力量，用尽一切方法。（《现代汉语虚词手册》）

显然，这些解释无法揭示三者在用法上的差别。

汪树福、张果全（1986），杨寄洲、贾永芬（2005），赵新、李英（2009）曾对这三个词的异同进行过辨析。在语义深浅上一致认为"竭力"程度最深，其次是"极力"，再次是"尽力"。在句法结构上，杨寄洲、贾永芬（2005）认为"竭力"多修饰消极的动作行为，"尽力"修饰的都是积极的动作行为，而"极力"没有限制；"尽力"可以加"了"充当谓语，而"竭力""极力"只能充当状语。赵新、李英（2009）认为"尽力"多修饰积极的动作行为，而"竭力""极力"则没有限制，还指出"尽力"是动词，可以充当谓语，中间可以放入一些词语，"极力""竭力"没有这样的用法。

这些看法是否正确？除了以上几点之外，三者还有什么区别？为了回答这些问题，我们对北京大学CCL语料库中《读者》（合订本）及老舍、邓友梅、王朔的文学作品进行了考察，共找到含有"竭力"的句子220例，含有"极力"的句子133例，含有"尽力"的句子233例。下面我们将从语义特征、句法功能这两个方面对三者的异同进行考察。

一 语义特征的差异

（一）语义程度的深浅

"竭力""极力"和"尽力"都表示"用了全部的力量或最大的努力"，这是三者共同的语义特征。但三者语义程度的深浅不同。这一点上述研究者提到过，认为"竭力""极力""尽力"的语义程度依次递减，但未展开论述。

"竭力""极力""尽力"这三个语言单位中都有一个共同的组成成分"力"，那么三者在语义上的不同自然就由"竭""极""尽"的语义决定。"竭""极""尽"都含有程度深的意思，但是深入分析，它们所表示的程度还是有差别的。下面我们就从语义源流与发展入手，来考察它们在语义程度上的差别。

《说文解字》对"竭"的解释为："竭，负举也，从立曷声。"段玉裁注："凡手不能举者，负而举之。"其本义是"负举""承载"。如《礼记·礼运》："五行之动，迭相竭也。"郑玄注："竭，犹负载也。言五行运转，更相为始也。""竭"从"立"，指手的力气用尽也不能举起时放在背上站立起来以使重物举起。由"竭"的这个意义特点，引申出"穷尽"的意思。如《礼记·大传》："旁治昆弟，合族以食，序以昭缪，别之以礼仪，人道竭矣。"郑玄注："竭，尽也。"又如《左传·庄公十年》："夫战，勇气也。一鼓作气，再而衰，三而竭。"

《说文解字》对"极"的解释为："极，栋也。"也就是房屋的脊檩。如《庄子·则阳》："孔子之楚，舍于蚁丘之浆。其邻有夫妻臣妾登极者。"陆德明释文："司马云：极，屋栋也。"《汉书·天文志》："后流星下燕万载宫极，东去。"颜师古注引李奇曰："极，屋梁也。"从这一基本义引申为顶点，最高的地位。如《易·系辞上》:"六爻之动,三极之道也。"高亨注:"屋上最高之梁称极,引申为至高之义……天地人乃宇宙万类之至高者。"再由"顶点,最高的地位"之义引申出"穷尽、竭尽"义。如《礼记·大学》:"是故君子无所不用其极。"郑玄注:"极尤尽也。君子日新其德,常尽心力不有余也。"

《说文解字》对"尽"的解释为:"尽,器中空也。"桂馥义证:"《世说》:'可以累心之处都尽。'注云:'尽,犹空也。'"由"空"引申出"完"的意思。如《管子·乘马》:"货尽而后知不足,是不知量也。"

通过追溯"竭""极""尽"的语义源流和发展,可以看出:三者之中"竭"语义程度最深,语义最重,是在"穷尽手力不能举"的情况下"背载";"极"的语义程度较深,是由"顶点,至高之处"引申出"穷尽"义;"尽"的"完"义程度较浅,没有任何强调;三者的语义按照程度的深浅从高到低依次为:竭＞极＞尽。"极力""竭力""尽力"语义程度的深浅自然也与此同序,即:竭力＞极力＞尽力。

由于三者在语义程度的深浅上有一定的差别,即使在可以互换的情况下,句子的意思也会有细微的差别。如:

(7)韩有福腿打哆嗦了。<u>极力</u>装出笑容说:"我的朋友很多,男的女的都有!"(竭力√ 尽力√)

(8)我目瞪口呆,尽管<u>竭力</u>想克制自己,可血液还是一齐涌上来,脸红得近乎紫涨。(极力√ 尽力√)

(9)未曾忘记快乐;也<u>尽力</u>摆脱苦恼。(极力√ 竭力√)

例(7)中的"极力"和例(8)中的"竭力"可以互换,但"竭力"表示的程度稍高于"极力"。例(9)中的"尽力"如果换成"极力"或"竭力"后,语义程度显然高于原句。

(二)主观态度

除了语义程度深浅不同之外,三者在语义上的差别还表现在:"极力""竭力"含有较强的主观倾向性,动作行为的发出者是为了某个明确的目的而积极主动地去做,强烈希望动作行为能够达到自己的预期结果,常修饰"称赞""主张""反对"等表示态度和言语行为的动词;而"尽力"的主动性和目的性没有那么强,对动作行为的结果也不那么看重,不能修饰"称赞""主张""反对"类动词。如:

(10)"小驼背"(当时人们就是这样称呼他的)身材非常矮小,然而当他<u>竭力</u>反对他父王的时候,却赢得了国民的普遍钦佩。(尽力×)

(11)更有趣的是,<u>极力</u>推崇丝绸的人却不一定认识它。(尽力×)

(12)他向他们打听。他们<u>极力</u>地回忆,答应把他尽快送到原来的队伍中去。(尽力×)

(13)首先,巴巴拉<u>尽力</u>回忆色魔说过的话。(尽力×)

例(10)(11)中的"竭力""极力"不能换成"尽力"。例(12)(13)中"极力""尽力"修饰的动词都是"回忆",但句子的含义有所不同。例(12)中的"他们"积极地"回忆",十分渴望回忆起相关内容,以便"尽快把他送到原来的队伍中去"。例(13)中的"巴巴拉"并非主动地"回忆",只是在自己能力范围内"回忆",至于能不能回忆起来,能回忆起多少,则不是"巴巴拉"看重的事情。

"尽力"强调过程而不太看重结果的语义在下面的句子中表现得更加明显:

(14)我也知道她从不指望我做一个佼佼者,只要求我<u>尽力</u>去做。

概括而言,"极力"表示极其用力、用力到了极点;"竭力"表示用尽所有的力量、一点儿力量也不留;"尽力"则表示力求在可能的范围内达到最大限度。

二 句法功能的差异

(一)语法性质不同

一般的词典和语法书,如《现代汉语词典》《1700对近义词语用法对比》《现代汉语虚词手册》等都把"竭力"和"极力"作为副词,其主要功能是充当动词或动词性成分的状语。在具体的副词小类中，李泉（1996）、杨荣祥（1999）、夏齐富（1996）等倾向于把"竭力""极力"列入程度副词，而齐沪扬等（2002）认为"极力""竭力"这类词属于情态副词，张亚军（2002）把二者归为描状副词。情态副词、描状副词的内涵基本一致，指的都是动词性成分前表示动作行为进行的方式、状态等情貌意义的专职的前加修饰词，只是名称上有所不同。我们也认为"竭力""极力"与典型的程度副词存在较大的差异，如一般不能限定形容词等。因此，应该归入"情态副词（或描状副词）"一类。"竭力""极力"只能充当状语修饰动词，这时，其后有无"地"均可，但不加"地"的形式较常见。如：

（15）我<u>竭力</u>压着，火还是一点点蹿上来，……

（16）我那样<u>竭力</u>地做，怀着无上的骄傲。这件事对我而言有太大的意义。

（17）她虽对那人也有好感，但为了忠于丈夫而把感情深深压在心底，<u>极力</u>对那人冷淡。

（18）他们<u>极力</u>地回忆，答应把他尽快送到原来的队伍中去。

"尽力"是动宾结构的动词词组，它除了充当状语以外，还可以单独充当谓语、中间可以插入其他成分，"尽"还可以重叠。如：

（19）局长要是有用得着我的地方，我很愿<u>尽力</u>。

（20）已经<u>尽</u>了<u>力</u>，那军官无论如何也不会来捣蛋吵架了。

（21）别的我<u>尽</u>不了<u>力</u>，这点跑腿的事，我办得了！我一个人不行，还有小崔呢！

（22）我就是这么个人：对朋友，我能<u>尽</u>多少<u>力</u>就尽多少！

（23）请你多为孩子<u>尽尽力</u>吧。

（二）修饰的动词性结构不同

通过考察，我们发现，这三个词修饰的动词结构性质不同。

1. 积极与消极

对于这个问题，也有研究者做过讨论，杨寄洲、贾永芬（2005）认为"竭力"多修饰消极的动作行为，"尽力"修饰的都是积极的动作行为，而"极力"没有限制；赵新、李英（2009）认为"尽力"多修饰积极的动作行为，而"竭力""极力"则没有限制。二者都认为"尽力"修饰的是积极的动作行为，"极力"不受限制。我们也赞同这一看法。如：

（24）假若学生们遇到什么不幸与危险，他自己必会<u>尽力</u>保护他们。

（25）他觉得只有<u>尽力</u>帮助别人，或者可以减轻他的忧虑，……

（26）他充任军机大臣以后，<u>极力</u>逢迎谄上以邀宠，同时营私结党以固权势。

（27）我坚决请求上场，队员们也<u>极力</u>帮我求战，终于获准与官本直毅九段在12月9日下第7盘棋。

例（24）（25）中"尽力"限定的"保护""帮助"都是含有积极义的动作行为，例（26）中"极力"限定的"逢迎谄上"含有消极义，例（27）中限定的"帮"含有积极义。

研究者们看法不一致的地方在于"竭力"是否可以修饰积极的动作行为。我们先看看杨寄洲、贾永芬（2005）所举的例子。

（28）我们要<u>尽力</u>支援农村的抗旱工作。（竭力×）

（29）我<u>极力</u>劝阻朋友不要接收这个公司的邀请，因为我认为这个公司的财务情况是虚报的。（竭力×）

杨寄洲、贾永芬（2005）把"支援""劝阻"看作积极的动作行为，认为例（28）（29）中的"尽力""极力"不能换成"竭力"。而在语料中我们发现"竭力"修饰积极动作行为的句子16例，占总数的7.27%。如：

（30）演奏结束，沙皇<u>竭力</u>表扬了这位青年钢琴家的才能，……

（31）由于当时周恩来竭力保护那批全心奉献研究核武器的科学家，中国大陆核武器和导弹的研究……

（32）"大胆假设"的说，陈独秀曾竭力规劝胡适离婚，甚至拍着桌子指责他太窝囊，但胡博士依然不为所动。

因而我们赞同赵新、李英（2009）的观点，即"尽力"多修饰积极的动作行为，而"极力""竭力"并不受此限制，既可以修饰积极的动作行为，也可以修饰消极的动作行为。

2. 具体与抽象

我们的考察发现："尽力"和"竭力"修饰的动词结构既可以是表示具体动作行为的，又可以是表示抽象行为的，而"极力"多修饰表示抽象行为动作的动词结构。如：

（33）马锐被他们打得已是鼻青脸肿，仍咬着牙尽力还手，一次次跌倒一次次爬起来。

（34）整年他都跑得不好，可是他总是尽力快跑。

（35）艇的一端也有个洞。他们坐在艇的另一端，看着那端的人竭力戽水以免沉没。

（36）赫鲁晓夫坐在他身旁，竭力将他的手按在桌上……

例（33）—（36）中的"尽力""竭力"都不宜换为"极力"，这主要是受语义的影响，上文中我们指出，"尽"的本义是"器中空"，"竭"的本义是"负举"，都含有"用力"的意思，而"极"的本义是"屋栋"，与"用力"没有任何关系，这使得"尽力""竭力"表达的"用力"之义较实在，而"极力"表示的"用力"之义多含有夸张的意思，因而在限定具体的需要用力才能完成的动作时，多用"尽力""竭力"。

我们在语料中还是找到了三例"极力"修饰具体动作的情况。如：

（37）我极力往黑糊糊的垃圾堆后看，看出那儿站着个人。

（38）她提着包随妈妈走了，再也没回头，她极力咬着嘴唇，不让自己再哭出来。

（39）他一个哈欠接一个哈欠打，极力睁着眼睛。

这些句子中的"看""咬着嘴唇""睁着眼睛"是本身不太需要用力就可以完成的动作行为，这里用"极力"修饰，含有夸张的意思。

（三）与表示少量义的动词结构搭配

词语的不同语义特征会导致不同的句法组合形式。上文我们指出"极力""竭力"的语义程度较深，而"尽力"的语义程度较浅，受这一语义特征的影响，"尽力"可以修饰动词的重叠形式以及其他含有尝试义或少量义的动词性结构，或者与这样的结构共现，而"极力""竭力"则不行。如：

（40）我要尽力找找看，渡边义雄是我的朋友，我有责任把他的情形转告他家里人。（极力×　竭力×）

（41）他说，对上门求助者，他总是尽力帮一帮。（极力×　竭力×）

（42）通情达理之士自会生恻隐之心，尽力让一让的。（极力×　竭力×）

（43）你就尽力拉他一把吧。（极力×　竭力×）

（44）我自然尽力周济一点儿。（极力×　竭力×）

例（40）—（42）中的"找找""帮一帮""让一让"是动词的重叠形式，含有尝试义，例（43）（44）中的"一把""一点儿"含有少量义，这些语义要求与"极力""竭力"所含有的程度深义不符，因而不能受"极力""竭力"的修饰。

（45）白巡长知道自己没处可打听去，而又不愿意把话说死，让金三绝望。"我试试，尽力而为吧！"（极力×　竭力×）

（46）他并不是完美的人，而只是一个令人喜爱而通情达理的人，而他也不过尽力做那么样一个人罢了。（极力×　竭力×）

例（45）中出现了"试试"，明显含有"尝试义"，表示的程度浅，与"极力""竭力"表示程度深的语义不符；例（46）中的"不过""罢了"都含有"把事情往小里说"的意味，表示的程度浅。因而这两例中的"尽力"都不能用"极力""竭力"替换。

三 语用的差异

"竭力""极力""尽力"出现的语体不尽相同。《现代汉语频率词典》中这三个词在各类语料中的词次分布情况如下（表5-1）。

表5-1 "竭力""极力""尽力"的语体分布情况

词语	语体			
	报刊政论	科普书刊材料	剧本和日常口语材料	各种体裁的文学作品
竭力	8	1	0	27
极力	2	0	4	12
尽力	3	1	5	10

从表5-1中可以看出，"竭力"多用于书面语中，而"极力""尽力"既可用于书面语也可用于口语。

四 结语

由以上分析可以看出"竭力""极力"和"尽力"的区别主要有以下几点：

从语义特征来看："竭力"表示的语义程度较深，其次是"极力"，再次是"尽力"；"竭力""极力"含有较强的主观倾向性，而"尽力"的主动性和目的性没有那么强。

从句法特征来看："竭力""极力"属于情态副词（描摹性副词），而"尽力"属于动宾结构动词。"竭力""极力"的主要功能是充当状语，而"尽力"除了充当状语外，还常常充当谓语，中间可以插入其他成分；在充当状语时，"竭力""极力"可以修饰表达个人看法的动词，而"尽力"则不可以；"尽力"多修饰积极的动作行为，而"竭力""极力"则没有限制；"尽力""竭力"既可以修饰抽象动作又可以限定具体动作,而"极力"多限定抽象动作。

从语用特征来看:"竭力"多用于书面语中,而"极力""尽力"既可用于书面语也可用于口语。

第二节 表示范围的"一概"和"一律"

"一概""一律"是现代汉语中常用的范围副词①。《现代汉语八百词》《现代汉语虚词例释》等都对这两个词的意义用法进行了解释。一般认为二者都是总括全部,表示没有例外。因而常常可以互换,基本不影响句义。如:

(1)这屋里的,桐芳,和我与招弟屋里的,箱子匣子,<u>一律</u>搬净!(一概√)

(2)那最常听到的电车铃声,与小贩的呼声,今天都<u>一律</u>停止。(一概√)

(3)各色各样的人被捕,不管有无嫌疑,不分男女老少,<u>一概</u>受了各色各样的毒刑。(一律√)

(4)业务不精或是政治方面不强,无论是谁的关系,<u>一概</u>不要。(一律√)

以上句子中的"一律""一概"互换后,句子仍然成立。然而在实际使用中,二者却有一定的差异,以下句子中的"一律""一概"就不能互换。

(5)其实,我并不<u>一概</u>地反对"追星"。(一律×)

---

① "一律"也可以作为形容词,本节考察的只是"一律"作为范围副词的情况。

（6）但他还说，政府不一概反对现有定居点内的建设。（一律×）

（7）国家不分大小，在国际上一律平等。（一概×）

（8）同时规定，每部影片不论投资大小、质量高低一律按1350元一个拷贝出售。（一概×）

下面拟从指称对象、句法能力、语义语用等方面来探讨"一概"与"一律"之间的差异。为了更好地说明问题，我们以《四世同堂》《过把瘾就死》以及1993—1996年的《人民日报》为研究语料，选取含有范围副词"一律"的句子1258例，含有"一概"的句子181例，这些句子均来自北京大学CCL语料库。

一 指称对象的差异

关于"一律""一概"在指称对象上的差异，侯学超（1998）、陈健（2007）、杨洋（2008）等都进行过讨论，他们的观点归纳起来主要有以下几点：（1）指称对象为人时多用"一律"，对象为物时多用"一概"；（2）不同性质的事物多用"一概"，相同事物多用"一律"；（3）"一概"总括的对象必须作为一个整体来被陈述，而不能分别被叙述，"一律"的指称对象则可以分别被叙述。

（一）指称人与指称物

刘建东、任海波（2006）通过对850个包含"一律"的句子以及169个包含"一概"的句子进行统计分析，发现"一律"的指称对象为人的占56.8%，为物的占43.2%；"一概"的指称对象为人的占12.4%，为物的占87.6%。这一结论也证实了"指称对象为人时多用'一律'，对象为物时多用'一概'"这一观点的正确性。

（二）指称相同性质事物与指称不同性质事物

刘红妮（2008）支持"不同性质的事物多用'一概'，相同事物多用'一律'"的观点。她通过对"一律""一概"词汇化和语法化的过程进行比较，认为"律"的本义是一种定音仪器，既而引申为"使不一归于一的标准、规则"，而这些"不一"的内容本身是同质的，即音符；而"概"的本义是量谷物时刮平斗斛的器具，"概"的作用是使相同或不同的事物每一"概"的量都相等，被量的事物量可以相同，而本质却可以是完全不同的。正因为如此，在现代汉语中如果要强调内部成员的同质性，就要用"一律"，而强调内部成员的异质性时，则要用"一概"。刘建东、任海波（2006）在对语料进行分析后认为很难进行数据统计，因为对象很少是相同事物，而多是某一类事物。我们在对语料进行统计的时候也发现这一问题，关于"同质""异质"有时很难界定。如：

（9）他们说：尊师重教的心意我们领了，送钱送物<u>一概</u>不收。

（10）政府对黄金、外汇交易<u>一概</u>不管，但大米要管。

例（9）中的"钱"和"物"都属于"礼物"这一类，那么"钱"和"物"在这里究竟算同质还是异质很难判断。例（10）也存在着同样的问题。而且在语料中我们发现即使可以判断为"异质"的对象也可以用"一律"来总括，可以判断为"同质"的对象也可以用"一概"来总括。如：

（11）吸收外国资金和管理经验、实现与世界经济接轨时，对外来文化既不<u>一概</u>排斥，也不全盘接收……

（12）只有这样才能大体做到在市场竞争面前，老基地与新基地、老企业与新企业、沿海与内地<u>一律</u>平等……

例（11）中"外来文化"都是文化，是同质的对象，用"一概"来总括；例（12）中"基地""企业""地区"等是异质的对象，用"一律"来总括。

因此我们认为在现代汉语中"一律""一概"的指称对象在是否同质上的区别已不是非常明显，"不同性质的事物多用'一概'，相同事物多用'一律'"不宜作为"一律""一概"在指称对象方面的区别。

（三）整体指称与分别指称

徐颂列（1998）认为"一律""一概"的指称对象不能包含"每""各"等表示逐指的词语。在语料中，我们发现"一律"的指称对象为"每＋NP/VP"的句子5例，指称对象为"各＋NP"的句子68例，共占总数的5.8%；发现

"一概"的指称对象为"各＋NP"的句子只有1例,未发现指称对象为"每＋NP/VP"的句子。如：

（13）每个图案下面<u>一律</u>都是"不准"字打头的简短文字,诸如"不准摘花,罚金60新元"……

（14）她要求每位推销员每到一地,<u>一律</u>吃自助餐,坐公共汽车,下榻一般旅馆。

（15）各项竞赛活动<u>一律</u>不许收费;竞赛活动获奖者一般不与升学挂钩等。

（16）各单位<u>一律</u>不得再私设小金库。

（17）今年下半年,除国家批准个别关系重大的项目外,各地区<u>一概</u>不得擅自新开工大中型基本建设项目。

因此我们认为徐颂列（1998）的说法有欠妥当,"'一概'总括的对象必须作为一个整体来被陈述,而不能分别被叙述,'一律'的指称对象则可以分别被叙述"较符合语言使用的实际情况。

《现代汉语虚词例释》中提到"一律"虽然修饰后边的成分,但实际是对前边已经提到的对象而言的,这说明"一律"的指称对象都应在其前;对"一概"指称对象的位置并未加以说明。在语料中,我们发现"一概"的指称对象虽然多在其前,但也可以出现在其后。如：

（18）当然,笔者并非<u>一概反对领导干部跳舞</u>。

（19）我并不是<u>一概地反对奖</u>。

（20）但他还说,政府不<u>一概反对现有定居点内的建设</u>。

此时句子的格式多为"（并）否定词＋一概＋否定意义动词",这些句子中的"一概"不能换成"一律"。在语料中共找到这类句子18例,约占总数的9.94%。

综上所述,"一律"和"一概"在总括对象上的区别主要有以下几点：

（1）指称对象为人时多用"一律"，对象为物时多用"一概"；（2）"一概"的指称对象不能包括"每""各"等表示逐指的词语；（3）"一律"的指称对象都在其前，而"一概"的指称对象有时可以在其后，这时句子的格式为"（并）否定词＋一概＋消极意义动词"。

二 句法能力的差异

（一）谓语的差异

"一律""一概"都是范围副词，用于谓语前对谓语进行限定。一般来说，谓语按照构成成分可分为动词结构、形容词结构、名词结构、数量结构等。"一律""一概"限定的谓语是不同的，语料中各种被限定成分所占的比例见表5-2。

表5-2 "一律""一概"限定的谓语情况表

谓语类别	词语			
	一律		一概	
	数量（例）	相对频率（%）	数量（例）	相对频率（%）
动词结构	1098	87.3	179	98.9
形容词结构	150	11.9	2	1.1
名词结构	5	0.4	0	0
数量结构	2	0.16	0	0
主谓结构	3	0.24	0	0

从表5-2中可以看出，"一律"既可以限定动词结构，也可以限定形容词结构，而"一概"则主要限定动词结构。如：

（21）会员之间不论规模大小，<u>一律</u>平等，企业参加与退出协会全凭自愿。

（22）要牢固树立马克思主义的民族观，坚持各民族一律平等，进一步促进民族团结，为边疆稳定做出贡献。

（23）凡是给市委常委班子成员送钱、有价证券、贵重物品的，一概拒收，拒绝不了的立即上交组织。

（24）高速公路有专门的出入口，非机动车、老旧慢速的交通工具以及禽兽等，一概不能上公路。

另外，"一律"也可以限定名词结构、数量结构和主谓结构，但这些结构都不常见，而且这些结构中"一律"后都可补入相应的动词，因此，也可把这些格式看作是隐没了动词的省略形式。如：

（25）请客吃饭，一律西安小吃，或自己食堂招待，既省钱客人又高兴。

（26）现在，烟台人迎亲嫁娶，一律的士，不见公车。

（27）所建立交桥一律三层，将机动车和非机动车彻底分离……

（28）市里统一安排的团拜、慰问活动，一律清茶一杯。

例（25）（26）中，"一律"限定名词结构，这些名词结构前分别可加入动词"吃""用"；例（27）中"一律"限定数量词"三层"，"一律"后也可加入动词"是"；例（28）中"一律"限定主谓结构"清茶一杯"，"一律"后也可加入动词"是"。

（二）"一律"限定形容词的情况分析

我们对"一律"限定形容词的情况进行分析，发现虽然"一律"限定形容词的情况所占的比例比较高，但是"一律"能够限定的形容词却有严格的限制，只局限在"平等""无效"等几个词上。在我们查找到"一律"限定形容词的150个例句中，133个例句中的形容词是"平等"，15个例句中的形容词是"无效"，另外还有1例是"先进"，1例是"公开"。如：

（29）他重申，中国主张国家不分大小、强弱，应一律平等。

（30）全厂有关经济活动，没有审计科签字画押，一律无效。

（31）你好我也好，大家<u>一律</u>先进。

（32）江苏省连云港市土地管理局强化自我约束机制，不断完善法规、监督机制，办事<u>一律</u>公开……

从上面的例句中也可以看出，"一律"后的形容词都是光杆形式，其前不能有程度副词，其后不能出现数量结构。

（三）"一律""一概"限定动词结构的差异

佟慧君、梅立崇（2002）指出"一概"后不能只有一个单音节词，而"一律"后面可以加单音节词；"一概"后面一般为否定形式或消极意义的动词。我们在语料中并没有发现"一律"后加单音节动词的情况，可见"一律"加单音节动词这种结构并不常见，因而能否加单音节动词不应视为"一律""一概"在搭配能力上的区别。我们对"一律""一概"后面的动词结构进行了分析，结果见表5-3。

表5-3 "一律""一概"限定动词结构情况表

词语	动词结构							
	不/没＋VP		不得/不准/不予/不许＋VP		含否定意义的动词		其他VP	
	例句（例）	相对频率（%）	例句（例）	相对频率（%）	例句（例）	相对频率（%）	例句（例）	相对频率（%）
一律（1098例）	88	8.0	191	17.4	92	8.4	726	66.2
一概（179例）	34	19.0	5	2.8	58	32.4	82	45.8

从表5-3中可以看出，"一概"后面为否定形式或否定意义动词的情况共占54.2%，占了一半以上，因此佟慧君、梅立崇（2002）认为"一概"后面一般为否定形式或消极意义的动词这一看法基本上是正确的。这里所说的否定意义动

词主要是指"反对""否定""拒绝""否认""排斥"等。如：

（33）逢年过节，有人给他送来烟、酒、红包，他<u>一概</u>拒收。

（34）坚决反对教会精神和教权主义，无论是英格兰的还是其他地方的，无论是属于什么教派的，都<u>一概</u>反对，他们是科学的势不两立的敌人。

（35）对历史，对前人，一味盲从固然不足为取，但<u>一概</u>排斥也不足为训。

另外，在语料中我们发现"一概"前也常出现否定词"不是""不能"等，在搜集到的82例"一概+其他VP"中有36个句子在"一概"前出现"不能""不是"等否定结构，占总句数（179句）的20.11%。如：

（36）这种看法或许有其根据，但却不宜<u>一概</u>而论。

（37）我们认为，放开小企业，不能<u>一概</u>全放，只放不管，而应有放有不放，放中有管。

在"一概+否定意义动词"前也常出现"不能""不是"等否定结构。如：

（38）笔者并非<u>一概</u>排斥新潮。

（39）当然不应<u>一概</u>否定外国少儿作品的引进对于丰富我国少儿精神世界的一定作用。

（40）当然，我并不<u>一概</u>反对名人明星给人做广告，而是希望他们持慎重态度……

因此可以得出这样的结论："一概"多与否定形式连用，否定形式既可出现在"一概"前，也可出现在"一概"后。

"一律"与否定形式连用的情况并不多见，但是"一律"限定表示规定的"不"类动词（"不得""不准""不予""不许"等）的情况比较常见，占到了总句数的17.4%。如：

（41）未经指定的单位和个人，<u>一律</u>**不得**开展卫星地面接收设施的销售活动。

（42）没有上述证书者，<u>一律</u>**不准**携带伴侣犬、猫入境。

（43）不符合规定程序上报的作品<u>一律</u>**不予**接受。

（44）中央明令取消的收费项目，<u>一律</u>**不许**继续收费。

而"一概"修饰这类词的比例只占2.8%。如：

（45）今年下半年，除国家批准个别关系重大的项目外，各地区<u>一概</u>**不得**擅自新开工大中型基本建设项目。

此外我们发现"一律"也常修饰表示肯定的规定性动词，如"实行""执行""采取""采用"等。如：

（46）为了获取销售优势，市自来水公司和市节水办联合发文规定全市<u>一律</u>**采用**东方电脑给水设备厂生产的给水设备。

（47）张贺林创办的阜阳市乡镇企业中等专业学校实行灵活的用人机制，教职工<u>一律</u>**实行**聘用制和考核制。

而"一概"修饰这类词的情况则很少见，在语料中只发现2例。如：

（48）然而"身在电缆厂里不触'电'，置身'钱场'不染指"的郑连元对这类"不义之财"<u>一概</u>**采取**"软硬不吃、刀枪不入"的战术，横竖一分不收。

另外"一律"和"一概"虽然都可以修饰含否定意义的词，但是"一律"所修饰的含否定意义的词多具有规定性，如"取消""禁止""停止""废除"等，"一概"所修饰的含否定意义的词多是表示不同意不接受的"否定""否认""反对""排斥"等。如：

（49）在评比先进县、先进乡（镇）中，凡是治安不达标的，<u>一律</u>**取消**其评选资格。

（50）所有旅游汽车<u>一律</u>**禁止**驶入秦始皇陵博物馆，同时对秦俑馆门前道路实行步行街。

（51）当然，笔者并非<u>一概</u>**反对**领导干部跳舞。

（52）我们并不<u>一概</u>**排斥**"戏说"，但"戏说"须有"度"……

因此我们可以得出这样的结论："一律"多修饰含有规定义的动词结构。

三　语义、语用的差异

"一律""一概"都是总括副词，表示的意思是总括全部，没有例外。但在语义上二者有所不同。"一律"的指称对象可以包括"每""各"等表示逐指的代词，可见"一律"是对其所指称的对象进行"逐一看待"，而"一概"则是对其所指称的对象进行"整体看待"。但是这里还存在一个问题：为何"一律"的指称对象不能是名词或量词的重叠形式构成的逐指形式？要回答这个问题，还需要对"一律""一概"的使用情况进行分析。

通过对语料的分析，我们发现"一律""一概"多出现在议论性较强的政论性语体中，我们在《过把瘾就死》《四世同堂》中只找到含有"一概"的句子5例，含有"一律"的句子13例，在1993—1996年的《人民日报》中找到含有"一概"的句子176例，含有"一律"的句子1245例。

在上文中我们指出"一律"常修饰规定性的动词结构，此外，我们还发现，含有"一律"的句子中常出现"规定""要求""宣布""命令""决定""指示""通知"等含有规定义的词语，在语料中，我们共发现"一律"与这些含有规定义的词语共现的句子301例，约占总数的24%。如：

（53）公司明文**规定**，凡是新来的职工，<u>一律</u>先进行军训和职业道德、社会公德培训。

（54）新闻出版署在《**通知**》中指出，除由国家批准的出版社外，其他单位<u>一律</u>不得出版挂历。

而"一概"与这类名词共现的情况只有2例,约占总数的1.1%。如:

(55)他去询问,燃气公司搬出**规定**:本公司出售瓶装液化气,一概不称重,每瓶按15公斤收费。

由此可见,包含"一律"的句子含有比较强的规定性,在表达规定义时多用"一律"。这样我们就可以回答上文中提出的问题:为什么"一律"的指称对象不能是名词或量词的重叠形式构成的逐指形式?据杨雪梅(2002)对"个个"语法意义的分析,"个个"的谓语部分一般来说是对"个个"所复指的先行词进行描述和判断,这种语法意义显然与"一律"包含的"规定义"冲突,因而"一律"不能指称名词或量词的重叠形式构成的逐指形式。

包含"一概"的句子则常表达个人或某一团体对某一做法、事件的态度或看法,在语料中,我们共找到这种句子97例,占总数的53.6%。如:

(56)吸收外国资金和管理经验、实现与世界经济接轨时,对外来文化既不一概排斥,也不全盘接收,而是纳其精华,避其糟粕,与此同时又大力提倡本民族的优秀文化。

(57)对历史,对前人,一味盲从固然不足为取,但一概排斥也不足为训。

而"一律"表示这种意义的句子则比较少见,在语料中共找到3例,如:

(58)当然,我们并不是一律反对农村基层干部买轿车、坐轿车,统统都要步行、骑自行车。

四 结语

通过上文的分析,我们将"一律""一概"的差异小结如下:

在指称对象方面:指称对象为人时多用"一律",指称对象为物时多用"一概";"一概"的指称对象不能包括"每""各"等表示逐指的词语;"一律"的指称对象都在其前,而"一概"的指称对象可以在其前,也可以在其后，这时句子的格式为"（并）否定词+一概+消极意义动词"。

在句法能力方面："一律"既可以限定形容词又可以限定动词结构，在限定形容词时，"一律"的限定对象多是光杆形式，而且多局限在"平等""无效"等几个形容词上；"一概"限定形容词的情况极少见。在限定动词时，"一概"多与否定形式连用，否定形式既可出现在"一概"之前，也可出现在"一概"之后，而"一律"多与具有规定义的动词连用。

在语义方面："一律"对其所指称的对象进行"逐一看待"，而"一概"则是对其所指称的对象进行"整体看待"。

在语用方面：虽然"一律""一概"都倾向于出现在议论性较强的政论性语体中，但"一律"倾向于出现在"规定义"较强的语境中，而"一概"多表达个人或某一团体对某一做法、事件的态度或看法。

第三节　表示时间的"每天"和"天天"

"每天"和"天天"是现代汉语中使用频率很高的两个语言单位，意义非常接近，都表示"每一天"，常常可以互换。如：

（1）虽然钱诗人有了那么多的改变，并且时时使瑞宣为难，可是瑞宣仍然天天来看他，伺候他，陪着他说话儿。（每天√）

（2）他的生平的大志是写一本《北平》。他天天整理稿子，而始终是"还差一点点"！（每天√）

（3）就在你这儿，什么都不是，连个丫鬟都不如。每天伺候你一句好话都得不到。（天天√）

（4）她上班的地方离城里很远，所以不常回家。这一阵她生病了，才每天在家。（天天√）

但有时却不能互换。如：

（5）好好学习，天天向上。（每天×）

（6）为了不放空炮，他天天啃冷馍，夜夜进工房……（每天×）

（7）每天早晨，他依旧到几家他做过多少年生意的铺户里去。（天天×）

（8）他援引会上散发的一份公报说，现在人类的1/5在挨饿，每天有4万儿童饿死，估计到2000年约有两亿人由于饥饿而丧生。（天天×）

一些工具书也常用"每天"来解释"天天"。如：

天天：每天。好好学习，天天向上。（《现代汉语词典》）
天天：每天。天天上课。（《商务馆学汉语词典》）

这些解释无法揭示二者在用法上的区别，不能满足汉语作为第二语言教学的需要。我们从《四世同堂》《看上去很美》及《人民日报》（1993年10月）中收集到含有"每天"的句子181例，从《四世同堂》《看上去很美》及《人民日报》（1993年10月—12月）中收集到含有"天天"的句子119例。这些语料均出自北京大学CCL语料库。以这些语料为基础，本文拟从语义、句法、语用三个方面考察"每天"和"天天"的不同，以期对汉语第二语言教学有所帮助。

一 语义区别

"每天"和"天天"都是由表时间的准量词"天"组成的短语[①]，"每天"由指示代词"每"与"天"组合而成，使用的是词汇手段，是一种词汇表达式；"天天"则是通过量词重叠而成，使用的是形态手段，是一种形态表达式。可见"每天"与"天天"语义上的不同主要是由"每"与量词重叠所表示的语义不同引起的。

---

① 《商务馆学汉语词典》把"天天"看作词，宋玉柱（2000）认为"天天""人人"等属于构形重叠现象，并非构词现象，不宜纳入词典。我们也同意宋玉柱的看法，因而把"天天"看作短语。

（一）逐指与遍指

《现代汉语八百词》《实用现代汉语语法》等认为"每"指全体中的任何个体，强调所指事物的共性。也就是说"每"侧重指称一个集合中每个个体的情况，具有逐一指称的性质。郭继懋（1999）对量词重叠形式的语法意义进行了分析，认为量词重叠总的语法意义为"事物或事件重复存在"。由此可见量词重叠表示的是由每个个体组成的一个集合的情况，具有周遍性指称的性质。同理可以推论出"每天"侧重于逐指，"天天"侧重于遍指，二者在语义上存在着逐指与遍指的区别。当"每天"用来说明以"一天"为单位的情况时，不能换成"天天"。如：

（9）我们俩从案头学起，客人由最初的几个现已增加到几十个，每天毛收入一百多元。（天天×）

（10）全省城乡遍布数千计的个体录像厅（点），一般每个录像厅（点）每天放映节目超过4个，一年放映的节目高达1000—2000个。（天天×）

（11）平均每年砍伐的热带森林估计在1500万公顷以上，这就意味着每天至少有100个物种归于消亡。（天天×）

以上三例表示的是以"一天"为单位发生的情况。这些句子中的"每天"可以换成"一天"，而不能换成"天天"。

（二）客观叙述与主观评价

"每天"侧重于对客观事实的叙述，而"天天"则蕴含着说话者的某种主观意愿或评价，且常带有强调的意味。如：

（12）白巡长每天把稿件送出城去，而后带回报纸来。

（13）据悉，龚来发一生务农，不喝酒，不服药，每天只吃两餐大米和玉米做的混合饭。

（14）自行车道被挤得水泄不通，吓得同学们不知怎么过马路。这么多的轿车天天接送学生上下学，大多是用公车。很多同学对此很反感。

（15）战士们藏身在用茅草搭起的简易帐篷里，个个淋得像"落汤鸡"，天天只能靠挖野菜、钓鱼、捕蛇度日，在岛上整整生活了七个昼夜。

例（12）客观地叙述白巡长一天的工作情况；例（13）也是客观地介绍龚来发一天的伙食情况；例（14）中的"天天"含有对"公车接送学生上下学"这种情况的不满之情；例（15）中的"天天"突出了战士生活条件的艰苦，包含着同情、敬佩的感情色彩。

（三）"天天"含有"接连不断""连绵"义

"天天"除了用于周遍性指称以外，还可以表示"连绵、持续"义，如：

（16）不错，她看见了一两份儿卖神符的，可是价钱极贵，因为日本人不许乱用纸张，而颜料也天天涨价。

（17）就是这样，他天天出去，天天说事情有希望。而大嫂须天天给他买酒买烟，和预备交际费。

（18）可惜，再大的森林天天砍，树总有砍尽的时候，再大的海洋天天捞，鱼总有捞尽的时候。

例（16）所要表达的重点不仅仅在于叙述颜料每天都涨，而且强调物价上涨这样的情况连续不断；例（17）表示"出去""说事情有希望""给他买酒买烟"这样的情况接连不断地出现；例（18）也表示"砍""捞"连续不断地发生。这些句子中的"天天"虽然也可换成"每天"，但换成"每天"后句子缺少了"连续不断""连绵"的意味。

其实这种"接连不断""连绵"义也可以用周遍性指称来说明，它表示的是一种"线"上的周遍性，而"每天"所表示的总是一个个"点"的共同特征，而不具备"线性"的意义。

二 句法分布

（一）句中位置

"每天"和"天天"最明显的区别就是在句中的位置不一样。二者虽然都是短语，但在功能上，"每天"与时间名词相类似，既可以出现在主语前，又可以出现在主语后；"天天"与副词相类似，只能出现在主语后。如：

（19）保育院的孩子每天都住在那儿，两个星期接一次，有时两星期也不接。（天天√）

（20）死，对我们来说司空见惯，每天我们都能听到、看到很多人在我们身边死去——在故事和电影上。（天天×）

（21）每天，他还照常上茶馆去坐坐，然而小笔的生意，他已经看不上眼。（天天×）

（22）"不能不吃呀！以后咱们天天得吃这个！"韵梅笑着说，笑得很勉强。（每天√）

（23）一个月没干活的程相贤天天跑接兵处软磨硬泡。（每天√）

此外，由于"每天"在功能上与名词相近，可以充当定语限定名词性结构，而"天天"在功能上与副词相近，没有这种用法。如：

（24）他的每天的工作便是浇花、看书、画画和吟诗。（天天×）

（25）他的钱都须交给胖菊子，然后再向她索要每天的零花儿。（天天×）

（26）在西藏，规定的工作时间是一天6小时，羊湖的官兵每天的工作时间却在10小时以上。（天天×）

（二）句法搭配

1. 与数量短语的共现

含有"每天"的句子，谓语部分[①]常出现数量短语，而含有"天天"的句子，谓语部分很少出现数量短语。在我们收集到的含有"每天"的181个句子中，

[①] 这里所说的谓语部分所指的范围较广，指的是状语之后的部分。如"就是在这种环境下，官兵们每天工作十五六个小时……"这个句子中的谓语部分指的是"工作十五六个小时"。

与数量短语共现的有62例，约占总数的34.25%；在收集到的含有"天天"的119个句子中，与数量短语共现的有6例，约占总数的5.04%。如：

（27）杨浦大桥通车在即，将使机动车过江能力<u>每天</u>增加5万辆。

（28）客运稽查队还对全市各路段<u>每天</u>实行三班巡视。

（29）迎接挑战的日子里，谢军<u>每天</u>训练10小时，其中1小时跑步、打乒乓球，锻炼体力。

（30）妻就是妻，妻须<u>天天</u>给他三餐与一些开水。

（31）他<u>天天</u>想一遍。病越好一些，他就越多想起一点。

"每天"常与数量短语共现主要是由于这些含有数量短语的句子多是对以"一天"为单位的情况进行说明，即侧重于逐指，与"每天"的语义特征相符，尤其需要注意的是，当句子中出现"每人每天""平均"或含有平均义时，强调的就是以"一天"为单位的情况，这时"每天"不能换成"天天"。如：

（32）毛泽东带头响应政务院关于每人<u>每天</u>节约一两米的号召，并提出财政再困难也要拨专款根治淮河的建议。（天天×）

（33）目前，美国犯罪率直线上升，平均<u>每天</u>有61人被害。（天天×）

（34）我们俩从案头学起，客人由最初的几个现已增加到几十个，<u>每天</u>毛收入一百多元。（天天×）

2.与"都"的共现

"每天"常与"都"共现，在我们收集到的含有"每天"的181个句子中，与"都"共现的有32例，约占总数的17.68%；而"天天"较少与"都"共现，在我们收集到的含有"天天"的119个句子中，与"都"共现的有5例，约占总数的2.76%。如：

（35）我在年垸所里受到了虐待，<u>每天</u>**都**是窝头，什么菜便宜吃什么菜，我已经营养不良了。

（36）那两个男人<u>每天</u>**都**在早晨八点钟左右出去，下午五点多钟回来。

（37）李四爷给活人搬家，给死人领杠，几乎<u>天天</u>**都**有事做。

（38）翠微路口<u>天天</u>**都**有几百辆自行车聚在那里，车座拔得很高……

董为光（2003），周小兵、王宇（2007）都指出"都"的语法功能为"逐一指代"，与"每天"侧重逐指的语义特征相符，因而二者常搭配出现。这时，"无一例外"的语义得以加强。

3.与时间词的共现

"每天"后常出现"早上""下午""晚上""八点"等具体的时间词，在语料中共找到这类句子20例。而"天天"后极少出现这类词，在所收集到的语料中，尚未发现"天天"后出现这类词的用法。如：

（39）<u>每天</u>**上下午**各有一个小时孩子们会被阿姨带到保育院楼前的院子里散步。

（40）西山北山的蓝色都加深了一些，<u>每天</u>**傍晚**还披上各色的霞帔。

（41）《人民日报》暂时不要看了，关心国家大事<u>每天</u>**晚上八点**听"各地人民广播电台联播节目"也就够了……

"每天"后常与"早上""晚上"等这类时间词共现主要受到语义的影响。"早上""晚上"等时间词指的是一天之内更小的时间点，与"每天"侧重逐指的语义相符，因而二者常常共现。

4.与表示时间的动词结构的共现

"每天"可以限定表示时间的动词结构，表示在这一动作之前、之中或之后常常出现某种状态或行为。如：

（42）安全检查员<u>每天</u>**下班前**要对自己管理的库区进行认真细致的检查。（天天×）

（43）小妞子还是不肯吃共和面作的东西，所以<u>每天</u>**吃饭**必定吵闹一阵。（天天×）

（44）每天**铃响**就现身，一遍一遍重复自己，要让她消失，只有等下次铃响。（天天×）

（45）每天**晚上熄灯后**，孩子们各自躺在床上，全室一片寂静……（天天×）

例（42）表示在"下班"之前常常会出现"对自己管理的库区进行认真细致的检查"的情况；例（43）表示在"吃饭"的过程中常常会出现"吵闹一阵"的情况；例（44）（45）分别表示在"铃响""熄灯"之后常会出现"现身""孩子们各自躺在床上，全室一片寂静……"的情况。我们在语料中共找到这类句子13例，这些句子中的"每天"都不能换成"天天"。

三 语用差异

由于"每天""天天"的语义、句法结构不尽相同，二者语用上也有一定的差异，具体表现在以下几点：

（一）二者出现的语体不同

我们对"每天""天天"在《四世同堂》《看上去很美》及《人民日报》（1993年10月）中的使用频率进行了统计，结果如表5-4所示。

表5-4 "每天""天天"在语料中的使用频率

词语	《四世同堂》		《看上去很美》		《人民日报》	
	数量（例）	相对频率（%）	数量（例）	相对频率（%）	数量（量）	相对频率（%）
每天	31	17.13	33	18.23	117	64.64
天天	59	73.75	12	15.00	9	11.25

《四世同堂》《看上去很美》属于叙述性、描写性较强的小说类文体，而《人民日报》属于客观性较强的新闻类文体。从表5-4中可以看出，"每天"在《人民日报》中出现的比例高于其在小说类文体中的出现比例，"天天"在

小说类文体中的出现比例远远高于在《人民日报》中的出现比例。这说明"每天"倾向于出现在客观性较强的文体中，而"天天"倾向于出现在叙述、描写性较强的文体中。这主要是由于二者的语义倾向不同。在上文中我们指出"每天"倾向于客观叙述而"天天"倾向于主观评价，含有说话者的主观的情感，客观叙述的语义要求与新闻的语体要求相符，主观评价的语义要求与小说的语体要求相符，这使得二者在两种不同语体中的分布出现上述差异。

（二）"天天"常用于标题、口号、熟语中

（46）洛阳的太行山复线公路，1985年建成，时隔不久就重演了"小堵天天有，大堵三六九"旧戏，有经验的司机重又带上被褥、炊具行车。

（47）军区所属宾馆、饭店开展"服务质量天天行"活动，使经济效益明显提高。

（48）毛主席，我要牢牢记住您的话，好好学习，天天向上，一定把您领导人民打下的江山建设得更美好。

这些句子中的"天天"不宜换成"每天"。产生这种现象的原因一方面跟它们的构造方式有关。"每天"是一种词汇表达方式，它的结构相对较为松散，而"天天"则是形态表达式，结构比较紧凑。这一点可以通过添加语素来证明，"每天"可以在"每"和"天"之间任意添加数词，如"每一天""每十天"等；而"天天"不能在两个"天"之间添加任何数词，要加数词"一"也只能加在整个结构前，构成"一天天"。标题、口号、熟语等往往讲求精练，结构紧凑的"天天"更符合这种要求。另一方面，"天天"的强调意味也比"每天"要强，而且由两个同样的音节组成，读来更有节奏感，更容易上口，因而在标题、口号、熟语中的使用频率较高。

（三）"天天"常用于有其他量词重叠的对举句中

（49）梁老先生从一九四九年至今，自费订阅《人民日报》，**年年**不断，天天阅读。

(50) 为了不放空炮,他**天天**啃冷馍,**夜夜**进工房……(《人民日报》1993年4月)

这些句子中"年年""夜夜"与"天天"结构相同,二者连用朗朗上口,同时也增加了强调意味,这里的"天天"不宜改为"每天"。

四 结语

以上我们对"每天""天天"的语义、句法、语用进行了对比分析,发现二者的区别主要表现在以下几点:

在语义方面:"每天"侧重逐指,而"天天"侧重遍指;"天天"含有"接连不断""连绵"义;"每天"侧重客观叙述,而"天天"蕴含着说话者的主观评价。

在句法方面:"每天"的句法功能与名词相类似,因而可以出现在主语前,也可以出现在谓语前,还可以限定名词,做名词的修饰语,"天天"的句法功能与副词相类似,因而只能出现在谓语前;含有"每天"的句子,谓语部分常出现数量短语,而含有"天天"的句子,谓语部分很少出现数量短语;"每天"常与"都"共现,而"天天"较少与"都"共现;"每天"后常出现"早上""下午""晚上""八点"等具体的时间词,而"天天"后极少出现这类词;"每天"可以限定表示时间的动词结构,而"天天"没有这种用法。

在语用方面:"每天"倾向于出现在客观性较强的文体中,而"天天"倾向于出现在叙述、描写性较强的文体中;"天天"常用于标题、口号、熟语中;"天天"常用于有其他量词重叠的对举句中。

第四节 表示方向的"向""朝""往"

"向—朝—往"是一组同义介词,都可与名词、代词组成介词结构,表示动作的方向。三者的语法意义、语义功能相当接近，但又有区别。有时可以互换，有时又不可以互换，学习者在使用中常常混淆，值得深入探讨。

我们考察了小说、报刊中"向""朝""往"的用例1200余个，从语义特征、句法组合和语用选择等方面系统分析三者的异同。例句选自老舍《四世同堂》《鼓书艺人》，郁秀《花季雨季》及1997—1998年《故事会》。

一 语义特征

"向""朝""往"组成的介词结构都可表示动作移动的方向，这是三者共同的语义特征。但深入分析，三者的语义又有所不同，这主要表现在以下几个方面：

（一）动态的移动与静态的朝向

"往"主要表示动态的移动，一般不表示静态的朝向；"朝"和"向"既可以表示动态的移动，又可以表示静态的朝向；在表示动态的移动时（包括引申意义的移动趋向），三者可以互换。在表示具体的动态移动时，谓语动词一般具有"位移"义，如例（1）—（3）；在表示引申意义的移动时，动词可以不具有"移动"义，如例（4）—（6）。如：

（1）天佑太太很快地<u>向</u>前走了两步。（往√　朝√）

（2）他把瓶子<u>朝</u>地上一摔。（往√　向√）

（3）钱先生被几个故人押着<u>往</u>南走。（向√　朝√）

（4）二奶奶不想再<u>向</u>下说了。（往√　朝√）

（5）他应该<u>朝</u>文科方面发展。（向√　往√）

（6）他拼命<u>往</u>文雅、时髦里学。（向√　朝√）

在表示静态性朝向、没有移动时，可用"朝"或"向"，两者可互换。不可用"往"，此时的谓语动词一般无移动义。如：

（7）晓荷毕恭毕敬的<u>朝</u>家门立着。（向√　往×）

（8）一个小儿<u>向</u>大海狂喊一声是不会有效果的。（朝√　往×）

（二）单向移动与双向移动

"向""往"都可与处所名词组合，表示动作移动的方向，但仔细分析，二者表示的移动方向又有所不同："往"所表示的移动是单向的，是由别处向介词宾语表示的处所移动；而"向"所表示的移动是双向的，既可由别处向介宾表示的处所移动，又可由介宾所表示的处所向别处移动。如：

（9）a.<u>往</u>他家打个电话。　　b.*<u>往</u>他家借钱。

　　　 c.<u>向</u>他家打电话。　　d.<u>向</u>他家借钱。

我们将句中"向""往"的移动方向及动词的移动方向图示如下：

←打（电话）（给予义）
（9）a. <u>往</u>他家打电话（←方向一致）

借（钱）（索取义）→
（9）b.*<u>往</u>他家借钱（←方向相反）

←打（电话）（给予义）
（9）c. <u>向</u>他家打电话（←方向一致）

借（钱）（索取义）→
（9）d. <u>向</u>他家借钱（→方向一致）

从中可以清楚地看出：a句和b句用"往"，a句的动词"打（电话）"是"给予"义，动作行为从别处向介宾"他家"移动，与"往"表示的移动方向一致，因而句子成立；而b句的动词"借（钱）"是"索取"义，动作行为是从介宾"他家"向别处移动，与"往"表示的移动方向相反，因而句子不成立。c

句和d句用"向"，c句的动词"打（电话）"是"给予"义，移动的方向是从别处到"他家"；d句的动词"借（钱）"是"索取"义，移动的方向是由"他家"到别处。由于"向"表示的移动是双向的，因此两个句子都成立。

由以上分析可知，当"向"和"往"之后都是处所词语时，如果动词是"给予"义，"向"与"往"都可用；如果动词是"索取"义，只可用"向"，不可用"往"。下面三组句子，每组中a句动词是给予义，可用"向"，也可用"往"；b句动词是索取义，只可用"向"，不可用"往"。

(10) a.日本人会向他家派人。（往√）
　　　b.日本人会向他家要人。（往×）
(11) a.他向中央电视台寄信。（往√）
　　　b.他向中央电视台购买录像带。（往×）
(12) a.他向这家公司推销产品。（往√）
　　　b.他向这家公司收取管理费。（往×）

(三) 移动的方向与移动的对象

虽然"向""朝""往"都可表示动态性移动，但移动又是有区别的。"往"组成的介词结构，通常表示动作行为是向地点处所移动，而"向""朝"组成的介词结构，既可表示动作行为向地点处所移动，还可表示动作行为人或事物移动，我们将前者称为移动的方向，后者称为移动的对象。一般说来，在表示动作移动的方向时，"向""朝""往"三者可以互换，此时，介词后只能带方位处所名词，不能带人物事物名词：

(13) 他把纸飞机向窗外扔去。（往√　朝√）
(14) 欣然转身朝演会大厅奔去。（往√　向√）
(15) 大家都往外面涌。（向√　朝√）

但是在表示动作行为移动的对象时，通常用"向"或"朝"，而不能用"往"。此时，介词后带人物事物名词或代词。如：

(16) 浓烟铺天盖地朝他滚了过来。（向 √　往 ×）

(17) 龟田举起战刀向野鹤砍去。（朝 √　往 ×）

（四）动作性行为的对象与抽象行为的对象

尽管"向"与"朝"都表示移动或朝向的对象，但二者在表示对象时又有区别："向"可以表示动作性行为的对象，也可表示抽象行为的对象；"朝"只可表示动作性行为的对象，不可表示抽象行为的对象。受此语义的限制，"向"既修饰动作性强的动词，又修饰抽象动词；"朝"只修饰动作性强的动词。在我们搜集到的200余例使用"朝"字结构的句子中，动词基本上都是动作性很强的，多是人体动作和姿态。如"招手""挥手""点头""摇头""眨眼""瞪眼""打量""张望""吃望""开枪""扮鬼脸""看""瞧""瞟""瞅""瞥""望""走""跑""奔""挪""冲""撞""扑""滚""躲""指""扔""摔""甩""涌""砍""踢""打""砸""问""喊""叫""说""笑"等。

而使用"向"的句子中，动词的范围要大得多，除了动作性强的，还有大量非动作性或动作性不强的，如"道歉""说明""祝福""抗议""请教""求助""请假""申辩""隐瞒""交代""陈述""提供""解释""介绍""推荐""报案""汇报""披露""公布""反映"等。因此，我们认为，"向"的使用比"朝"要宽泛，用"朝"之处一般可用"向"替换，如例（18）—（20），而用"向"之处却不一定可换用"朝"，如例（21）—（23），至少在书面语是如此。如：

(18) 陈明看见老师朝他点点头。（向 √）

(19) 她把杯子朝秀莲扔了过来。（向 √）

(20) 老人朝儿子扑过去。（向 √）

(21) 我们应当向人民负责。（朝 ×）

(22) 我向各位披露一宗贿赂事件。（朝 ×）

(23) 谢欣然向主管老师陈述了自己的意图。（朝 ×）

二 句法组合

由于意义上的差异，这组同义介词的句法组合也有所不同。

（一）与名词、动词的配合

在句子中，与介词关系最密切的是充当介宾的名词和介词短语所修饰的谓语动词。这组同义介词对所带的名词宾语，对所修饰的动词有不同的选择。我们将"向""朝""往"与名词、动词的配合归纳如下表（表5-5）。

表5-5 "向""朝""往"与名词、动词的配合情况

词语及其语法意义		选择类别	
		对名词的选择	对动词的选择
向	表方向	方位、处所名词	位移义；静态义
		处所名词	索取义；给予义
	表对象	人物事物名词、代词	动作性；抽象性
朝	表方向	方位、处所名词	位移义；静态义
	表对象	人物事物名词、代词	动作性
往	表方向	方位、处所名词	位移义
		处所名词	给予义

（二）与"着"的组合

受汉语词汇双音化趋势的影响，"向""朝"可以与"着"组合成双音节介词"向着""朝着"，"往"则不可。但需要注意的是，"向着"与"向"、"朝着"与"朝"虽然意义相同，但对其后的介宾有不同的选择，并不完全相等，不一定能互相替换。"向""朝"之后可带单、双音节方位词，而"向着""朝着"后可带双、多音节代词。如：

向上爬—*向着上爬　　　向上边爬—向着上边爬

朝东走—*朝着东走　　　　朝东边走—朝着东边走
向他招手—向着他招手　　朝他招手—朝着他招手
向他们招手—向着他们招手　朝他们招手—朝着他们招手

另外,"向着""朝着"都只能用于动作性强的动词之前,不能用于动作性不强的动词之前。如:

向着他微笑—*向着他道歉　　朝着他走过来—*朝着他说明

(三) 用于单音节动词之后

"向""往"组成的介词结构可用于单音节动词之后,充当补语,表示动作行为移动的方向,而"朝"却不能。用于"向""往"之前的单音节动词都是动作性强的动词,但后面的宾语却有不同。"向"后可带方位处所宾语或人物宾语,方位处所宾语和人物宾语必须是双音节,代词人物宾语可以是单音节。如:

飞向天空—*飞向天　扑向妈妈—*扑向妈　转向我们—转向我

"往"之后只能带双音节方位处所词语,不能带单音节方位处所词语,不能带人物宾语。如:

飞往大海—*飞往海　送往山上—*送往山　　*开往老师
销往国外—*销往外　通往前方—*通往前　　*运往父亲

另外,还需注意,不是任何单音节动词之后都可用"向""往",其搭配有一定的习惯性,"向""往"常用于以下单音节动词之后,这些动词都具有表示"位移"的特点。

向:奔、飞、通、驶、游、流、转、走、投、扔、划、伸、扑、倒、指、杀、射、推、引、倒、偏、滚。

往:奔、飞、通、驶、游、飘、开、送、寄、运、派、迁、逃、售。

三 语用选择

"向""朝""往"的语用选择主要表现在语体选择和地域选择这两个方面。我们统计了几种报刊和小说中"向""朝""往"的使用情况。

（一）语体选择

表5-6　"向""朝""往"在语料中的使用情况　　（单位：例）

作品	词语		
	向	往	朝
《人民日报》（1998）	9667	864	520
《南方日报》（1998）	19836	1916	920
《花季雨季》	61	35	11
《鼓书艺人》	9	55	19
《四世同堂》	137	298	20

由表5-6可以看出，"向""朝""往"在书面语中都有使用。但在不同的语体中使用情况又有不同：在新闻语体中，"向"的使用频率大大高于"往"和"朝"；在文学语体中情况较复杂，有的作品中"向"的使用频率高于"往"和"朝"，有的作品中"向"的使用又低于"往"和"朝"。我们认为这与作品的口语化程度、与作者的地域有一定关系。老舍作品的口语化程度较高，带有浓郁的北京口语色彩，因此其作品（《四世同堂》《鼓书艺人》）中，"向"的使用频率低于"往"和"朝"；《花季雨季》的作者是南方人，因此"向"的使用频率最高。

（二）地域选择

我们还调查了10个城市"向""往""朝"在口语中的分布情况（表5-7）。

表5-7 "向""朝""往"在口语中的分布情况

城市	北京	大庆	郑州	西安	昆明	重庆	南昌	长沙	武汉	广州
动作移动方向	往/朝	往/朝	往/朝	往/朝	往	往/朝	向	往	往/朝	向
动作朝向对象	朝/冲/跟/给	跟/给	朝/给/问	朝/给/问	给	跟/给	望/跟	对/跟	朝/给/问	同/向

由表5-7可以看出，在实际口语中，表示动作行为移动的方向，用"往"的地区最多，几乎通行全国；其次是"朝"（多是北方），用"向"的最少（10个城市中仅2处）；表示动作行为朝向的对象时，各地均不用"向"，多数地方用"朝""给""跟""问"等（朝／给我点头；跟他借钱；跟／给他解释；给／跟他交代）。这里虽然只是10个城市的情况，但反映了"向"在口语使用中分布不广的倾向。

四　结语

从上面的考察可以看出以下几点：

第一，"向""朝""往"这一组同义介词，相比较而言，"向"的功能最多，既可表示动态移动，又可表示静态的朝向；既可表示移动的方向，又可表示移动的对象；既可表示单向移动，又可表示双向移动；既可用于具体行为的对象，又可用于抽象行为的对象。

第二，"向"的使用在书面语和口语中有较大差异，在书面语体中使用频率比较高，但在实际口语中，无论是表方向还是表对象，使用频率最高的是"往"。

第三，"往"和"朝"在书面上的使用虽然低于"向"，实际口语中使用却高于"向"。因此，从语体色彩来看，"向"较书面化，"往"和"朝"比较口语化。

第五节 表示条件的"除非"和"只有"

本节从对外汉语教学的视角,将"除非"条件句和"只有"条件句从语义和语用上进行对比。这里考察的"除非"条件句和"只有"条件句,限于条件复句,不包括表示条件的单句。

一 语义逻辑关系的差异

这两种条件句,前后小句都是条件和结果的关系,但条件和结果之间的语义逻辑关系有所不同。

(一)"除非"条件句的语义逻辑关系

"除非"条件句有五种句法格式,条件与结果之间的语义逻辑关系分为两种:顺条件关系和逆条件关系。

1.顺条件关系

所谓顺条件关系,条件与结果之间的语义逻辑关系表现为:有条件才有结果,无条件就无结果。条件是结果得以产生的唯一前提,结果是顺应条件、依存于条件的,是条件的产物。我们把顺条件关系的结果称为顺结果,用+q表示,条件用p表示。顺条件关系有两种句法格式:

1式:除非你去请他,他才会去。 可表示为:除非p,才+q。
2式:要想让他去,除非你去请他。 可表示为:要+q,除非p。

顺条件关系的语义逻辑关系可表述为"有p就有+q,无p就无+q"。

2.逆条件关系

所谓逆条件关系,条件与结果之间的语义逻辑关系表现为:有条件就无结果,无条件才有结果。结果不是顺应条件,而是排斥条件。条件是结果不产生的唯一条件,结果不是条件的产物。逆条件关系的结果称为逆结果,用-q表示。逆条件关系有三种句法格式：

> 3式：除非你去请他，否则他不会去。　可表示为：除非p，否则-q。
> 4式：除非你去请他，他不会去。　可表示为：除非p，-q。
> 5式：他不会去，除非你去请他。　可表示为：-q，除非p。

逆条件关系的语义逻辑关系可表述为"有p就无-q，无p才有-q"。

（二）"只有"条件句的语义逻辑关系

现代汉语中，"只有"条件句只有一种句法格式，条件和结果之间的语义逻辑关系只有一种——顺条件关系，条件与结果之间的语义逻辑关系表现为：有条件才有结果，无条件就无结果。条件是结果得以产生的唯一前提，结果是顺应条件、依存于条件的，是条件的产物。如：

> 只有你去请他，他才会来。　可表示为：只有p，才+q。

"只有"条件句的语义逻辑关系可表述为"有p就有+q，无p就无+q"。

由以上分析可以看出："除非"条件句有五种句式，两种语义逻辑关系；"只有"条件句有一种句式，一种语义逻辑关系。

一般认为"除非"条件句和"只有"条件句的条件都是必要条件、先决条件，但也有人认为"除非"条件句既有"必要条件"，也有"排除条件"（邵敬敏，2001）。根据语义逻辑关系来分析，顺条件句中，结果是依存于条件的，是必要条件，即先决条件；逆条件句中，结果是排斥条件的，是例外条件，即排除条件。"除非"条件句的条件既有必要条件，也有排除条件；而"只有"条件句的条件都是必要条件。

二　条件性质特点的差异

（一）"除非"条件句的条件

根据条件的性质特点，"除非"条件句的条件分为三种：真实需求条件、真实偶然条件、虚假条件。

1.真实需求条件

（1）首长告诉田效舜说，<u>除非</u>你儿子有重大立功表现，才有可能减刑。（《文摘报》）

（2）要解决整体药价偏高的问题，<u>除非</u>是允许患者拿到处方后自行去药店买药。（《羊城晚报》）

（3）<u>除非</u>在反倾销问题上取得重大进展，否则我们不会把协议拿回去！（《2002最佳报告文学集》）

（4）我告诉你，<u>除非</u>你赔偿上八十块钱，我一定免你的职！（《四世同堂》）

这类句子的条件是真实的，而且是当事人希望实现的情况。如"重大立功表现""允许患者拿到处方后自行去药店买药""在反倾销问题上取得重大进展""你赔偿上八十块钱"都是说话人所希望的；顺结果"减刑""解决整体药价偏高的问题"是听话人所希望的，逆结果"我们不会把协议拿回去""一定免你的职"则是说话人和听话人都不希望出现的情况。这类"除非"条件句可称为真实需求条件句，多用来提出需求，表达说话人对未来事件的评价和态度，句子的时态多是未然态。

2.真实偶然条件

（5）他们花着房钱，可是永远没人来修补房子；<u>除非</u>塌得无法再住人，才来一两个泥水匠，用些素泥碎砖稀松地堵砌上——预备着再塌。（《骆驼祥子》）

（6）有关官员称，<u>除非</u>有任何生还迹象，否则，海岸警卫队和海军将于美国东部时间14日黄昏停止寻找被美海军核潜艇撞沉的日本渔船上的9名失踪者。（《广州日报》）

（7）四川和全国一样，律师办理法律援助案子缺乏足够的主动性。<u>除非</u>法律援助中心指定，没有人主动地去揽案子。（《南方周末》）

（8）治安执法不能造成人身伤害，<u>除非</u>是正当防卫等特别情形，这是法律规定的常识。（《羊城晚报》）

这类条件句中的条件是真实的、有可能实现的情况，但一般不是当事人希望实现的，而是特殊的、实际上很少出现的情况，如"塌得无法再住人""有任何生还迹象""法律援助中心指定""正当防卫等特别情形"等。可称为真实偶然条件句，多是叙述和评价惯常情况或过去情况，句子多是惯常态，句中常有"一般""通常""总是"等表示惯常性的词语，强调在一般情况下结果会不会产生。

3. 虚假条件

（9）<u>除非</u>太阳从西边出来，我才回家。

（10）要想我不惦着你们，<u>除非</u>是我两腿一伸，咽下这口气去！（《杨朔文集》）

（11）即使是外科整形手术，<u>除非</u>深到改变血液的流向，否则就不会改变脸部温谱图。（李津军《永不消失的生命密码》）

（12）来到巴黎，<u>除非</u>你闭上眼睛，巴黎总是不断地提醒你它是世界上最文明的地方。（《读者》）

（13）我相信我们的周围好人怕坏人怕得要命的窘况会越来越少，但也不会完全杜绝，因为完全杜绝是根本不可能的，<u>除非</u>我们都搬到真空里去住。（《读者》）

这类条件句的条件不是真实的情况，更不是当事人所希望实现的情况，而是虚假的、根本不可能发生的情况，如例（9）（11）（13）；或者是一种极端情况，这种情况虽然是客观世界中可能发生的，但却是说话人认为不可能发生的，如例（10）（12）的"我两腿一伸，咽下这口气去""闭上眼睛"。这种条件句称为虚假条件句，多是对未来的事件进行评价，句子多是未然态。

（二）"只有"条件句的条件

"只有"条件句的条件只有一种：真实条件。即条件是真实的、可能实现的条件，但不一定是当事人希望出现的；结果是当事人希望出现的。如：

（14）据说，<u>只有</u>这样鞭打它，才能结出更多更甜的枣。（李国文《月食》）

（15）他经验过这种事，打死的人，<u>只有</u>喝了从桶里刮出来的尿碱，才有救。（汪曾祺《大淖记事》）

（16）我国地域广阔，方言甚多，各地方音和所提倡的标准音之间存在着不同程度的差别，<u>只有</u>及早推广普通话，才能及时纠正儿童的方音。（方富熹《论儿童的心理发展与教育》）

（17）<u>只有</u>解除了压力，才能逐渐改变自己的处境。（王登峰《大学生心理卫生与咨询》）

（18）<u>只有</u>尊重他人，你才能分清与别人的界线，你才能看到你自己。（同上）

（19）<u>只有</u>有时他剃了头，刮了脸，才看到本来的肤色。（汪曾祺《小说三篇》）

（20）我千思万想，<u>只有</u>藏在你们这里才有我的活命啊！（石言《秋雪湖之恋》）

（21）而这个"争议"，<u>只有</u>到他出任局长那一天才算统一了，他的"问题"才算澄清了。（谌容《减去十岁》）

（22）看来只有离婚才能从这种痛苦里解脱出来了，这算什么生活？（邓友梅《在悬崖上》）

（23）原来这东西像变戏法，明明红花绿叶，画的时候却要涂黑釉蓝釉，<u>只有</u>见了火它才变出花红叶绿。（邓友梅《烟壶》）

（24）<u>只有</u>把你的医德、医道连同金丹秘方儿一块儿传下去，才是徐老

太师的心愿,才算你不忘本!(陈建功《皇城根》)

三 语用功能的差异

学术界通常将"除非"条件句和"只有"条件句归为必要条件句,认为其功能都是强调条件必不可少(吕叔湘,1980;张斌,2001)。据我们考察,两种条件句的语用功能是不完全相同的。

(一)"除非"条件句的语用功能

我们认为,"除非"条件句的语用功能有三种:有的强调条件的必要性,有的强调结果的绝对性,有的强调结果的普遍性;而"只有"条件句的语用功能只有一种,即强调条件的必要性。下面做具体分析。

1.真实需求条件句——强调条件的必要性和唯一性

要分析语用功能,需要弄清复句的命题义。"除非"条件句是个复合命题,复句的命题义是说话人在特定语境中所表达的真实意义,根据命题义方可推断句子的语用功能。而命题义不一定等于句义,往往需要在句义的基础上借助语用原则、语境信息和人们的百科知识,经过一番推理演绎方可获得。具体到"除非"条件复句,其命题义与条件和结果之间的语义逻辑关系,也与条件的性质有着直接的关系,需要借助这些通过语用推理得出。这里,我们借用逻辑上的假言推理公式来表示"除非"条件句命题义的推理过程,将条件句的语义逻辑关系作为大前提,结果是否预期作为小前提,结论就是复句的命题义。

顺条件句的语义逻辑关系为"有p才有+q,无p就无+q",其结果是当事人预期的,据此,命题义的推理过程可用公式A表示:

> 公式A:有p才有+q,无p就无+q
> 希望+q
> 那么,必须p

将顺条件句例(1)代入:

> 除非你儿子有重大立功表现，才有可能减刑
> 　　希望减刑，
> 　　　　那么，〈你儿子必须有重大立功表现〉

〈　〉里是推理的结论，也就是例（1）的命题义。

逆条件句的语义逻辑关系为"有p就无-q，无p才有-q"；其结果不是预期的，据此，命题义的推理过程可用公式B表示：

> 公式B：有p就无-q，无p才有-q
> 　　不希望-q
> 　　　　那么，必须p

将逆条件句例（3）代入：

> 除非在反倾销问题上取得重大进展，否则我们不会把协议拿回去
> 　　不希望不把协议拿回去，
> 　　　　那么，〈我们一定要在反倾销问题上取得重大进展〉

推理的结论就是例（3）的命题义"我们一定在反倾销问题上取得重大进展"。

将例（2）代入公式A，例（4）代入公式B，得出其命题义：

2：〈必须允许患者拿到处方后自行去药店买药〉

4：〈你必须赔偿上八十块钱〉

由命题义可以看出，真实需求条件句的语用功能显然是强调条件的必要性。无论是顺条件句还是逆条件句，复句的命题义都是通过条件小句直接表达的，因此复句的语义焦点在条件小句。顺条件句的句式语义是：要想实现预期

结果，就必须具有条件。句子是从实现结果的角度强调条件的必要性。逆条件句的句式语义是：要想避免非预期的结果，就必须具有条件。句子是从避免结果的角度来强调条件的必要性。

这类条件句可简化为单句"必须（一定要）……"，而基本语义不变：

（1'）除非你儿子有重大立功表现，才有可能减刑。≈你儿子必须/一定要有重大立功表现。

（2'）要解决整体药价偏高的问题，除非是允许患者拿到处方后自行去药店买药。≈必须/一定要允许患者拿到处方后自行去药店买药。

（3'）除非在非市场经济的反倾销问题上取得重大进展，否则我们不能把协议拿回去。≈我们必须/一定要在非市场经济的反倾销问题上取得重大进展。

（4'）除非你赔偿上八十块钱，我一定免你的职。≈你必须/一定要赔偿上八十块钱。

2.真实偶然条件句——强调结果的普遍性

真实偶然条件句的语用功能是强调结果的普遍性，推理过程如下（顺条件句的推理过程如公式C、逆条件句的推理过程如公式D）：

> 公式C：有p才有+q，无p就无+q
>
> 很少有p，
>
> 那么，在一般情况下无+q，而有-q。

> 公式D：有p就无-q，无p才有-q
>
> 很少有p
>
> 那么，在一般情况下有-q。

将例（5）代入公式C，例（6）—（8）代入公式D，得出各句的命题义：

5：〈一般情况下没有人来修补房子〉

6：〈海岸警卫队和海军将于美国东部时间14日黄昏停止寻找日本渔船上的9名失踪者〉

7：〈没有人主动地去揽案子〉

8：〈治安执法不能造成人身伤害〉

由命题义可以清楚地看出，真实偶然条件句的语用功能是强调结果的普遍性。顺条件句的命题义是通过条件小句间接表达的，语义重心是条件小句，复句是强调结果一般不会出现，句式语义是：在一般情况结果不会出现，只有一个例外；逆条件句的命题义是通过结果小句直接表达的，语义重心是结果小句，复句是强调结果一般会出现，句式语义是：在一般情况下结果会出现，只有一个例外。

条件小句可变换为"除非有特殊情况"或"在一般情况下"，而复句的基本意义不变：

（5′）除非有特殊情况，才来一两个泥水匠……

（6′）除非有特殊情况，否则，海岸警卫队和海军将于美国东部时间……

（7′）在一般情况下，没有人主动地去揽案子。

（8′）在一般情况下，治安执法不能造成人身伤害。

3. 虚假条件句 —— 强调结果的绝对性

虚假条件句的命题义同样可借用假言推理得出，我们将句子的语义逻辑关系及顺结果与逆结果的关系作为大前提，将条件的能否实现作为小前提，结论即是复句的命题义。

顺条件句的语义逻辑关系为"有p才有+q，无p就无+q"；顺结果与逆结果是对立的，"有+q就无-q，无+q就有-q"。可用公式E表示：

> 公式E：有p才有+q，无p就无+q，无+q就有-q
>
> 绝不可能有p
>
> 那么，绝对有-q

将顺条件句例（9）代入：

> 除非太阳从西边出来，我才回家。
>
> 太阳绝不可能从西边出来
>
> 那么，〈我绝不回家〉

逆条件句的推理过程可用公式F表示：

> 公式F：有p就无-q，无p才有-q
>
> 绝不可能有p
>
> 那么，绝对有-q

将逆条件句例（11）代入：

> 即使是外科整形手术，除非深到改变血液的流向，否则就不会改变脸部温谱图。
>
> 外科整形手术绝不会深到改变血液的流向
>
> 那么，〈外科整形手术绝不会改变脸部温谱图〉

将例（10）代入公式E，将例（12）（13）代入公式F，得出各句的命题义：

10：〈我绝不会不惦着你们〉

12：〈巴黎总是不断地提醒你它是世界上最文明的地方〉

13:〈好人怕坏人的情况绝不会完全杜绝〉

由几个例子的命题义可以清楚地看出,虚假条件句的语用功能是强调结果的绝对性。虽然从语表上看,句子是强调条件的必要性,但从功能上看,句子实际上是通过条件的不可实现来强调结果,言在此而意在彼。在顺条件句中,命题义是通过条件小句间接地表达出来的,表达重心在条件小句,复句是通过条件的不可实现来强调结果绝对不会产生,句式义是:结果绝对不会产生,无一例外。而在逆条件句中,命题义是通过结果小句直接表达的,表达重心在结果小句,复句是通过条件的不可实现来强调结果绝对会产生,句式义是:结果绝对会产生,无一例外。

虚假条件句是根据虚假条件对结果做出判断,由于条件是虚假的,不会对结果产生任何影响,因此只是一个陪衬。使用虚假条件的复句要表达的不是条件是否必要,而是通过条件的不可实现来强调在任何情况下结果都绝对会产生或绝对不会产生。应当说,使用虚假条件句是一种突出结果的表达手段,通过虚假的条件把结果的绝对性推到极致,来达到特殊的语用效果,表示强烈的夸张意味。

虚假条件句结果小句的内容不可变换,条件小句可以变换为不同的虚假内容,而复句的基本意义不变:

(9′)除非<u>太阳变成月亮</u>,我才回家。

(10′)要想我不惦着你们,除非<u>黄河向西流</u>。

(11′)即使是外科整形手术,除非<u>改变人体的整个结构</u>,否则就不会改变脸部温谱图。

(12′)除非<u>时光倒流</u>,巴黎总是不断地提醒你它是世界上最文明的地方!

(13′)我相信我们的周围好人怕坏人怕得要命的窘况会越来越少……除非<u>坏人都死光了</u>。

(二)"只有"条件句的语用功能——**强调条件的必要性和唯一性**

"只有"条件句的语用功能只有一种,即强调条件的必要性和唯一性。我们仍然用公式来进行推论。

"只有"条件句的语义逻辑关系为"有p才有+q，无p就无+q"，其结果是当事人预期的，据此，命题义的推理过程可用公式G表示：

> 公式G：有p才有+q，无p就无+q
> 希望+q
> 　　那么，必须P

将例（14）代入：

> 据说，只有这样鞭打它，才能结出更多更甜的枣
> 希望结出更多更甜的枣，
> 　　那么，〈必须这样鞭打它〉

〈 〉里是推理的结论，也就是例（14）的命题义。将例（15）—（17）同样带入公式G，得出其命题义：

　　15：〈打死的人必须喝从桶里刮出来的尿碱〉

　　16：〈必须及早推广普通话〉

　　17：〈必须解除压力〉

"只有"条件句可简化为单句"必须（一定要）……"，而基本语义不变：

　　（14'）据说，只有这样鞭打它，才能结出更多更甜的枣。≈必须/一定要这样鞭打它。

　　（15'）他经验过这种事，打死的人，只有喝了从桶里刮出来的尿碱，才有救。≈打死的人必须/一定要喝从桶里刮出来的尿碱。

　　（16'）只有及早推广普通话，才能及时纠正儿童的方音。≈必须/一定要

及早推广普通话。

（17'）<u>只有</u>解除了压力，才能逐渐改变自己的处境。≈必须/一定要解除压力。

四 语用特点的差异

（一）语用选择

我们从500余万字的语料中采集了"除非"条件句100例，五种格式的使用情况如下：格式1共5例，格式2共3例，格式3共15例，格式4共28例，格式5共49例。可以清楚地看出"除非"条件句使用的特点：顺条件句少（仅8例），逆条件句多（92例）；强调条件的少（仅5例），强调结果的多（95例），其中格式5的用例最多，约占全部条件句的一半。由此可见，虽然在理论上"除非"条件句的五种格式都可以使用，大都也可以互相变换，但实际上很少被用来强调条件的必不可少，绝大多数是强调结果的绝对性或普遍性。因此，我们认为"除非"条件句的核心语用功能是强调结果。

通常认为"除非"条件句与"只有"条件句是同义句式，都是必要条件句。"除非"条件句为什么绝大多数是强调结果？这种情况会不会与"只有"条件句有关？于是，我们对"只有"条件句的使用情况也做了考察。在我们采集的100例"只有"条件句中，所有的条件都是真实条件，没有虚假条件。换言之，所有的"只有"条件句都是强调条件的必不可少，无一例外。

这种情况表明，在实际使用中，人们已经形成这样的选择倾向："只有"条件句主要用来强调条件的必要性和唯一性；而"除非"条件句主要用来强调结果的绝对性或普遍性，很少用来强调条件的必要性和唯一性。换言之，这两种条件句实际上已有分工，基本上形成了互补的分布。

（二）语用价值

不同的句式有不同的语用价值，语用价值是该句式存在于汉语语法系统中的基本条件，它决定着该句式的句法特点、语义特点和语用规律。通过以上分析可知，"除非"条件句的核心功能是强调结果的普遍性，核心功能体现了价值。因此我们认为，"除非"条件句的语用价值是提出一个很少出现或绝对不会出现的特殊条件，通过条件的不可实现或很少实现来强调结果的普遍性或绝对性；而"只有"条件句的语用价值则是提出一个真实的需求性条件，强调这个条件是唯一的、必不可少的。

思考题

1. 请你评价以上五组近义词的辨析，并进行补充和修改。
2. 请你按照以上专题的方法，写一篇近义词辨析的文章。

本编参考文献

А.Л.谢米纳斯（著），冯文洁（译）（1996）汉语同义词的形式类及其特点，《大庆高等专科学校学报》第1期。
敖桂华（2008）对外汉语近义词辨析教学对策，《汉语学习》第3期。
北京大学中文系现代汉语教研室（2009）《现代汉语》，北京：商务印书馆。
北京大学中文系语言班（1982）《现代汉语虚词例释》，北京：商务印书馆。
北京师范大学现代汉语教研室（1982）《现代汉语》，北京：中国展望出版社。
北京语言学院语言教学研究所（1986）《现代汉语频率词典》，北京：北京语言学院出版社。
曹　炜（2001）《现代汉语词义学》，上海：学林出版社。
陈　健（2007）副词"一律""一概"和"都"辨析，《现代语文》第5期。
陈　杰（2005）对外汉语教学中的同义词辨析，《理论界》第12期。
程　娟、许晓华（2004）HSK单双音同义动词研究，《世界汉语教学》第4期。
池昌海（1998）五十年汉语同义词研究焦点概述，《杭州大学学报》（哲学社会科学版）第2期。
池昌海（1999）对汉语同义词研究主要分歧的再认识，《浙江大学学报》（人文社会科学版）第2期。
崔显军（2007）试论"所有"与"一切"的异同，《世界汉语教学》第4期。
邓守信（1994）《汉英汉语近义词用法词典》，台北：文鹤出版有限公司。
董为光（2003）副词"都"的"逐一看待"特性，《语言研究》第1期。
渡边丽玲（2000）助动词"可以"与"能"的用法比较分析，《第六届国际汉语教学讨论会论文选》，北京：北京大学出版社。

方清明（2008）对外汉语教学中近义词辨析方法述评，《景德镇高专学报》第1期。

房玉清（1994）《实用汉语语法》，北京：北京语言学院出版社。

符淮青（1996）《汉语词汇学史》，合肥：安徽教育出版社。

符淮青（2000）同义词研究的几个问题，《中国语文》第3期。

符淮青（2004）《现代汉语词汇》（修订版），北京：北京大学出版社。

傅雨贤（2000）《现代汉语虚词》，上海：华东师范大学出版社。

傅雨贤、周小兵、李炜等（1999）《现代汉语介词研究》，广州：中山大学出版社。

高名凯（1955）《普通语言学》（下册），上海：东方书店。

葛本仪（2001）《现代汉语词汇学》，济南：山东人民出版社。

郭继懋（1999）再谈量词重叠形式的语法意义，《汉语学习》第4期。

郭志良（1988）对外汉语教学中词义辨析的几个问题，《世界汉语教学》第1期。

郭志良（1991）表示存在某种可能性的"能"和"可以"，《第三届国际汉语教学讨论会论文选》，北京：北京语言学院出版社。

郝瑜鑫、邢红兵（2010）基于大规模语料库的学习型同义词辨析模式初探——以"美丽""漂亮"为例，《词汇语义学的新进展——第十届词汇语义学论文集》，新加坡：新加坡东方语言信息处理学会。

侯学超（1998）《现代汉语虚词词典》，北京：北京大学出版社。

胡和平（2005）《同义词说略》，上海：上海古籍出版社。

胡亮节（2006）论对外汉语教学中的近义词辨析，《云南师范大学学报》（对外汉语教学与研究版）第6期。

胡明扬（1985）《语言与语言学》，武汉：湖北教育出版社。

胡裕树（1981/1995）《现代汉语》上海：上海教育出版社。

黄伯荣、廖序东（2002）《现代汉语》（增订三版），北京：高等教育出版社。

柯露晞（2007）留学生近义词习得研究，中山大学硕士学位论文。

李　泉（2001）同义单双音节形容词对比研究，《世界汉语教学》第4期。

李绍林（2004）对外汉语教学中的同义词问题，《第七届国际汉语教学讨论会论文选》，北京：北京大学出版社。

李绍林（2010）对外汉语教学词义辨析的对象和原则，《世界汉语教学》第3期。

李晓琪（2003）《现代汉语虚词手册》，北京：北京大学出版社。

廖秋忠（1992）《廖秋忠文集》，北京：北京语言学院出版社。

刘春梅（2006）现代汉语单双音同义名词的主要差异，《华中师范大学学报》（人文社会科学版）第1期。

刘春梅（2007）留学生单双音同义名词偏误统计分析，《语言教学与研究》第3期。

刘红妮（2008）"一律"与"一概"的词汇化、语法化比较初探，《玉林师范学院学报》第1期。

刘建东、任海波（2006）"一律"与"一概"的对比分析，《桂林师范高等专科学校学报》第3期。

刘乃叔、敖桂华（2003）《近义词使用区别》，北京：北京语言大学出版社。

刘叔新（1980）同义词和近义词的划分，《语言研究论丛》，天津：天津人民出版社。

刘叔新（1982）论同义词词典的编纂原则，《辞书研究》第1期。

刘叔新（1984）《现代汉语同义词词典》，天津：天津人民出版社。

刘叔新（1990）《汉语描写词汇学》，北京：商务印书馆。

刘叔新、周　荐（1992）《同义词语与反义词语》，北京：商务印书馆。

刘月华、潘文娱、故韡（2003）《实用现代汉语语法》（增订本），北京：商务印书馆。

鲁健骥、吕文华（2006）《商务馆学汉语词典》，北京：商务印书馆。

吕叔湘（1999）《现代汉语八百词》（增订本），北京：商务印书馆。

马燕华、庄　莹（2002）《汉语近义词词典》，北京：北京大学出版社。

孟祥英（1997）谈对外汉语教学中的近义词辨析，《天津师大学报》（社会科学版）第3期。

聂建军、尚秀妍（1998）说"刚"和"刚才"，《汉语学习》第2期。

彭小川、严丽明（2007）"全部""所有"和"一切"的语义考察，《世界汉语教学》第4期。

朴德俊（2003）试论汉语近义动词分析框架，《汉语学习》第5期。

齐沪扬（2007）《现代汉语》，北京：商务印书馆。

齐沪扬、张谊生，陈昌来（2002）《现代汉语虚词研究综述》，合肥：安徽教育出版社。

钱乃荣（1995）《汉语语言学》，北京：北京语言学院出版社。

卿雪华（2004）留学生汉语习得近义词偏误研究——以泰国学生为例，云南师范大学硕士学位论文。

邵敬敏（2000）《汉语水平考试词典》，上海：华东师范大学出版社。

邵敬敏（2001）《汉语语法的立体研究》，北京：商务印书馆。

宋玉柱（1981）关于量词重叠的语法意义，《现代汉语语法论集》，天津：天津人民出版社。

宋玉柱（2000）从"天天""人人"收为词条谈起，《语文建设》第4期。

孙常叙（1957）《汉语词汇》，长春：吉林人民出版社。

孙良明（1958）同义词的性质和范围，《语文学习》第3期。

佟慧君、梅立崇（2002）《汉语同义词词典》，北京：商务印书馆。

汪树福、张果全（1986）《常用虚词百组》，合肥：安徽教育出版社。

王　还（1998）"刚"和"刚才"，《汉语学习》第5期。

王　还（2005）《汉语近义词典》，北京：北京语言大学出版社。

王　力（1953）语文知识，《语文学习》第8期。

王　勤、武占坤（1959）《现代汉语词汇》，长沙：湖南人民出版社。

吴　琳（2008）系统化、程序化的对外汉语同义词教学，《语言教学与研究》第1期。

吴向华（2005）同义词在阅读过程中的预测功能，《对外汉语阅读研究》，北京：北京大学出版社。

武谦光（1988）《汉语描写词汇学》，长沙：湖南教育出版社。
武占坤、王　勤（1983）《现代汉语词汇概要》，呼和浩特：内蒙古人民出版社。
谢红华（2001）单双音节同义方位词补说，《语言教学与研究》第2期。
谢文庆（1982）《同义词》，武汉：湖北人民出版社。
谢文庆（1982）现代汉语同义词的类型，《语言教学与研究》第2期。
邢福义（1992）《现代汉语》，北京：高等教育出版社。
邢福义（2001）《汉语复句研究》，北京：商务印书馆。
徐颂列（1998）《现代汉语总括表达式研究》，杭州：浙江教育出版社。
许　慎（1985）《说文解字》，北京：中华书局。
杨　洋（2008）"一概"与"一律"辨析，《安徽文学》第1期。
杨寄洲（2004）课堂教学中怎么进行近义词词语用法对比，《世界汉语教学》第3期。
杨寄洲、贾永芬（2005）《1700对近义词语用法对比》，北京：北京语言大学出版社。
杨凯荣（2003）"量词重叠+（都）+VP"的句式语义及其动因，《世界汉语教学》第4期。
杨明宇（2010）作为第二外语的汉语同义词课堂教学探析，暨南大学硕士学位论文。
杨雪梅（2002）"个个""每个"和"一个（一）个"的语法语义分析，《汉语学习》第4期。
张　斌（2001）《现代汉语虚词词典》，北京：商务印书馆。
张　斌（2005）《新编现代汉语》，上海：复旦大学出版社。
张　博（2007）同义词、近义词、易混淆词：从汉语到中介语的视角转移，《世界汉语教学》第3期。
张　博（2008）第二语言学习者汉语中介语易混淆词及其研究方法，《语言教学与研究》第6期。
张　博（2013）针对性：易混淆词辨析词典的研编要则，《世界汉语教学》

第2期。

张　静（1957）《词汇教学讲话》，武汉：湖北人民出版社。

张　妍（2006）欧美学生汉语中介语易混行为动词、心理动词及其辨析方法研究，北京语言大学硕士学位论文。

张亚军（2002）《副词与限定描状功能》，合肥：安徽教育出版社。

张言军（2008）同义单双音节时间副词的对比分析，《信阳师范学院学报》（哲学社会科学版）第5期。

张谊生（2000）《现代汉语副词研究》，上海：学林出版社。

张谊生（2000）《现代汉语虚词》，上海：华东师范大学出版社。

张永言（1982）《词汇学简论》，武汉：华中理工学院出版社。

张志毅（1980）同义词词典编撰法的几个问题，《中国语文》第5期。

张志毅、张庆云（2006）《新华同义词词典》，北京：商务印书馆。

章　婷（2004）对外汉语教学中同义副词辨析之浅见，《语文学刊》第3期。

赵　新、洪　炜（2009）外国留学生汉语近义词偏误的考察与分析，《韩中言语文化研究》（第21辑），首尔：韩国现代中国研究会。

赵　新、李　英（2001）对外汉语教学中的同义词辨析，《暨南大学华文学院学报》第2期。

赵　新、李　英（2009）《商务馆学汉语近义词词典》，北京：商务印书馆。

赵　新、刘若云（2005）编写《外国人实用近义词词典》的几个基本问题，《辞书研究》第4期。

赵　新、刘若云（2006）《除非条件句的语义和语用分析》，《语言研究》第1期。

赵　新、刘若云（2012）《实用汉语近义虚词词典》，北京：北京大学出版社。

中国社会科学院语言研究所词典编辑室（2005）《现代汉语词典》（第5版），北京：商务印书馆。

周　荐（1990）近义词说略，《天津教育学院学报》第4期。

周　荐（1991）《同义词语的研究》，天津：天津人民出版社。

周　荐（1995）《汉语词汇研究史纲》，北京：语文出版社。
周　荐（2000）《汉语词汇新讲》，北京：语文出版社。
周　莉（2004）对外汉语教学中的近义词辨析，《理论观察》第1期。
周小兵（1993）充当状语的"刚"和"刚才"，《汉语学习》第1期。
周小兵、王　宇（2007）与范围副词"都"有关的偏误分析，《汉语学习》第1期。
周玉琨（2002）现代汉语近义词研究述评，《宁夏大学学报》（人文社会科学版）第5期。
周祖谟（1962）《汉语词汇讲话》，北京：人民教育出版社。

中编 近义词的习得

本编要目

第六章　近义词偏误类型考察　142
　　第一节　语义偏误　143
　　第二节　语法偏误　151
　　第三节　语用偏误　158

第七章　近义词偏误成因分析　161
　　第一节　母语负迁移　161
　　第二节　教材、工具书的误导　168
　　第三节　讲解不足　172
　　第四节　学习者的交际策略　174

第八章　近义词偏误特点分析　178
　　第一节　偏误总体的定量统计与分析　178
　　第二节　偏误在不同学习阶段的分布　179
　　第三节　偏误在不同母语背景的分布　181

第九章　语素因素对近义词学习影响的实证研究　183
　　第一节　问题的提出　183
　　第二节　实验设计与方法　184
　　第三节　实验结果与分析　186
　　第四节　讨论　188
　　第五节　结论与启示　192

第十章　不同类型近义词习得难度的实证研究　194
　　第一节　问题的提出　194
　　第二节　本研究对近义词的分类　195
　　第三节　实验设计与方法　195

第四节 实验结果与分析　198
第五节 讨论　200
第六节 结论与启示　203

第十一章　近义词语义差异与句法差异习得难度的实证研究　205

第一节 问题的提出　205
第二节 实验一　206
第三节 实验二　209
第四节 分析与讨论　211
第五节 结论与启示　216

本编概要

汉语二语学习者的近义词偏误有哪些类型？有什么特点？出现偏误的原因是什么？

哪些类型的近义词习得难度较高？哪些类型的近义词习得难度较低？二语学习者的汉语水平对近义词的习得有没有影响？具有相同语素的近义词和不具有相同语素的近义词，在习得过程中有哪些不同特征？

近义词的语义差异和句法差异，哪类差异比较容易习得？哪类差异比较难习得？

以上这些问题是近义词习得中的重要问题，尚未得到充分研究。

本编考察了1200多例近义词偏误，分析总结了汉语二语学习者近义词偏误的类型、特点、原因；并通过实证研究比较了不同类别近义词的习得难度，具有相同语素近义词与不具有相同语素近义词的习得难度，以及近义词语义差异与句法差异的习得难度。

第六章　近义词偏误类型考察

> 汉语二语学习者的近义词偏误有哪些？
> 哪类偏误比较多？哪类偏误比较少？
> 汉语二语学习者近义词偏误分为哪些类型？

汉语的近义词特别丰富，这给汉语二语学习者造成了很大的困扰。在教学中，近义词的差异是学习者疑问最多的一类问题，弄不清近义词之间的差异而出现的偏误是学习者习得汉语过程中的一类主要偏误。

张若莹（2000）、沈履伟（2002）认为，即使进入中高级阶段，词汇偏误仍是影响表达、阻碍汉语水平提高的主要问题。而其中学习者因无法准确区分近义词而引起的词汇误用是最大的问题之一。杨寄洲（2004）指出，学习者学完了汉语的基本语法并掌握了1500个左右的常用词语以后，就会遇到同义词、近义词用法方面的问题。张博（2008）在对中介语易混淆词进行系统考察后发现，近义词是汉语中介语易混淆词当中最主要的类型。由于这类词语语义关系近，其间的细微差别很难被学习者感知和把握，因此混用的可能性很大。

据李珠、王建勤（1987）对60名留学生阅读理解失误的调查，近义词的错误率高达63%。罗青松（1997）对留学生汉语写作考试试卷中的错误进行统计，结果发现近义词误用占了词语运用错误的33%。李绍林（2010）对《汉语病句辨析九百例》（程美珍等，1997）中的417例词语偏误进行了统计，发现其中近义词偏误达144例，占全部词语偏误的34%。可见，近义词偏误是留学生汉语词汇习得过程中的主要偏误。

学习者在习得过程中出现的近义词偏误如此之多，然而目前关于近义词偏误的分析和研究却非常少，迄今为止，尚未有人就汉语二语学习者近义词习得过程中的常见偏误类型、偏误特点及偏误成因进行系统的探讨。我们认为，只有弄清楚学习者近义词习得偏误的类型及特点，并找出造成偏误的原因，才能够在教学中采取相应的措施，帮助学生更好更快地习得汉语近义词。

本章收集近义词偏误1200多例①，从语义、语法、语用三个层面对学习者习得汉语近义词的偏误进行系统的考察和分析。

第一节　语义偏误

汉语近义词常常在语义重点、语义强度、语义范围、语义适用等方面存在差异，汉语二语学习者常常因为弄不清这些差异而出现偏误。

一　语义重点偏误

汉语近义词大多在语义重点上存在一些差别，有的侧重于这个方面，有的侧重于那个方面。语义重点造成的偏误最为常见。

（1）*今天是我的生日，想看你。（正：见）

（2）*你今天头疼，你不用去看见朋友了。（正：看/见）

（3）*他的女朋友我从来没看过。（正：见）

"看"表示用目光接触人或物，还表示"看望"；"看见"表示目光已经接触到了人或物；"见"表示见面。例（1）是说见面，应该用"见"；例（2）是

---

① 这1200多例主要来自三方面：一部分来自"中山大学汉语中介语偏误标注语料库"，一部分摘自偏误分析的文章和专著，一部分是我们从中山大学国际汉语学院留学生的作业、作文和毕业论文中收集。语料母语背景涉及韩国、越南、印度尼西亚、日本、泰国、俄罗斯、菲律宾、法国、英国、美国、德国、巴拿马、塔吉克斯坦、吉尔吉斯斯坦、赞比亚、蒙古、土耳其、澳大利亚等多个国家。

说看望或见面，应该用"看"或"见"；例（3）是说见面，应该用"见"。

（4）*交朋友很容易，可是继续维持朋友关系并不容易。（正：保持）

（5）*听他这么一说，我至今都对我因自己的境遇而发牢骚事情感到害羞。（正：羞愧）

（6）*越南学生学汉语时，一个学期后就成熟的使用助词"着"和"了"。（正：熟练）

"维持"指勉强地使之继续存在，"保持"指积极保护使之继续存在。例（4）要用"保持"。"害羞"是指因胆子小见了生人或在人多的场合而不好意思，"羞愧"是因做错了事而惭愧。例（5）应用"羞愧"。"成熟"指人到了成年或指考虑、处理问题合理妥当，"熟练"指人因为熟悉、有经验做得好而快。例（6）应用"熟练"。

（7）*同学们看见老师进来了，立刻站上来。（正：起来）

（8）*我决定在印尼上大学，我这个看法你同意吗？（正：想法）

"起来"表示物体随动作由下到上，但原点不变，还在原处；"上来"表示物体随动作由低处到高处，要移动，原点发生变化。例（7）"站"的行为完成后原点未变，应用"起来"。"看法"主要指对某个问题或现象的意见，"想法"主要指内心经过考虑后的打算。例（8）应用"想法"。

（9）*有一天，她生病了，必须在医院住一个多星期。听到这个消息，我们班同学都操心。（正：担心）

（10）*请告诉我你正确的回国时间。（正：准确）

"操心"主要指花费时间和精力来考虑、处理事情，"担心"主要是对某人某事不放心，着急，害怕产生不好的结果。根据语境，例（9）应用"担心"。"准确"强调没有偏差，"正确"强调没有错误。例（10）中说的是回国时间，没有对错之分，要用"准确"。

(11) *请贵公司商量以后，给我们尽快联系。（正：跟）

(12) *这个图书馆是凭学生们的意见新建的。（正：根据）

(13) *两种语言中的存在句有很多种，但按本人的调查和自己学习汉语的经验，存在句的完整型是学习者最难习得的。（正：据）

"给"主要引进行为的接受者，相当于"为"；"跟"主要引进有相互关系者，相当于"和"。例（11）应用"跟"。"凭"主要引出所依靠的具体东西或某种能力，"凭A……"表示依靠A可以进行某种行为或出现某种情况；"根据"主要引出进行某种行为的基础或依据，"根据A……"就是以A为基础，在这个基础上再做某事或得出某个结论。例（12）应用"根据"。"按"的东西是必须要遵守的规定和规律，"据"的东西是行动的前提和基础。例（13）应用"据"。

二 语义强度偏误

语义强度指语义的轻重程度。语义强度的偏误，从句法上看并不算错，但用得不合适、不恰当，常常是大词小用或小词大用。

(14) *吃糖多了，容易毁坏牙齿。（正：损坏）

(15) *猫妈妈保卫孩子。（正：保护）

(16) *我渴望赶快下课。（正：希望）

"毁坏"比"损坏"、"保卫"比"保护"、"渴望"比"希望"程度高、语义重，在这里是大词小用，应分别改为"损坏""保护""希望"。

(17) *老人对生活完全失望了，于是跳楼自杀了。（正：绝望）

"失望"比"绝望"程度低、语义轻，在这里是小词大用，应改为"绝望"。

三 语义范围偏误

有的近义词所指称的事物或概念相似，但所指的范围仍有大小的区别。学习者因分不清语义范围大小而产生的偏误也较常见。这类偏误比较少，主要出现在近义名词之间。

（18）*如果两个国家又出现战斗，真的可怕。（正：战争）

（19）*我非常喜欢中国的食品。比如，中国的水果：龙眼、芒果、荔枝；中国菜：酸菜鱼、麻辣火锅、兰州拉面等。（正：食物）

"战争"比"战斗"规模大、威力大。"食物"指一切可以吃的东西，"食品"指经过加工制作的、给人吃的东西，"食物"范围比"食品"大。这两例应分别改为"战争""食物"。

（20）*我在广州不到两个月，但是学校已经让我们去参观很多有名的地点儿，例如：佛山、陈家祠、广州博物馆、越秀公园等。（正：地方）

（21）*我家在茨城的南方。（正：南部）

"地方"和"地点"都指某个区域，但"地点"指某个具体的位置，范围小；"地方"的区域范围比较大。例（20）指的是较大的范围，应用"地方"。"南方"是绝对意义上的比较固定的某一地方或区域，"南部"是相对于某一个地方来说的，前面一般需要一个参照物来限定。例（21）应用"南部"。

四 语义适用偏误

语义适用指适用对象、适用行为或情况、适用时间。一组近义词适用的对象、行为、情况或时间常常有差异，弄不清这一点而造成的偏误很常见。

（一）分不清适用于人还是事物

具体来说，这类偏误是分不清适用于人、动物、植物还是无生命的事物。

（22）*那个羊很胖。（正：肥）

（23）*虽然她的样子很短小，但是她有很大毅力。（正：矮小）

（24）*我们应该尊敬朋友的自由。（正：尊重）

形容人用"胖",形容动物用"肥";"短小"形容的一般是物体,"矮小"形容人;"尊敬"的对象是人,"尊重"的对象可以是人,也可以是抽象事物。这三例应分别改为"肥""矮小""尊重"。

(25)*从那一天起,马铃薯片就<u>出生</u>了。(正:诞生)

(26)*他一直<u>往</u>我走来。(正:朝/向)

"出生"只用于人,"诞生"除了用于人(一般是重要人物)外,还可以用于事物,如政党、国家、组织、阶级等事物的出现;"往"的对象只能是方位或处所,不能是人;"朝""向"没有这个限制。这两例应分别改为"诞生""朝/向"。

(二)分不清适用于什么人

具体来说,这类偏误是分不清适用对象是男性还是女性,长辈还是晚辈,地位高还是地位低,自己还是别人,集体还是个人,等等。如:

(27)*虽然弟弟没有姐姐那样<u>美丽</u>和聪明,但爸爸妈妈都很爱他。(正:漂亮)

(28)*对于贵公司经常为我们<u>效劳</u>,感激不尽!(正:服务)

(29)*人类用自己的<u>智力</u>改造自然。(正:智慧)

"美丽"一般只用于形容女性,而"漂亮"还可以用于形容男性;自己为别人服务用"效劳""服务"都行,别人为自己服务只能用"服务";"智力"是个人的,"智慧"还可以用于集体。这三例应分别改为"漂亮""服务""智慧"。

(30)*我们一定<u>看重</u>我们的中国老师。(正:尊重)

(31)*另外,谁来<u>抚养</u>老人也是个大问题。(正:赡养)

(32)*最后,他终于找到了他<u>敬爱</u>的妻子。(正:亲爱)

"看重"用于上对下,"尊重"上对下、下对上都能用;长辈照顾晚辈用

"抚养",晚辈照顾长辈用"赡养";"敬爱"只能用于晚辈对长辈或下级对上级,不能用于长辈对晚辈或平辈之间,"亲爱"则不受限制。这三例应分别改为"尊重""赡养""亲爱"。

(三)分不清适用于什么样的事物

这类偏误是分不清适用的事物是具体的还是抽象的,是自然的还是人为的,是自然现象还是社会现象,等等。

(33)*因为世界上的人太多,每个人要有饭吃,就需要用很多土地来制造粮食。(正:生产)

(34)*这个世界每一分钟在每个地方都会有变动,可你只要坐在家里打开电视就可以知道全地球上的情况,今天在纽约是晴天还是下雨,在中东有没有发生战争。(正:变化)

"制造"的是人用手工或者机器做出的物品,"生产"的可以是自然生长的东西。根据语境,例(33)只能用"生产"。"变动"是人为造成的,"变化"既可以是自然发生的,客观事物发展的结果,也可以是人为造成的,例(34)应为"变化"。

(35)*在这里有很多大树,风景真美,空气也很纯洁的。(正:干净)

(36)*这样注视他们的时候,我的心也变得很暖和。(正:温暖)

(37)*高级小汽车是一种表示社会位置的东西。(正:地位)

"纯洁"多用于修饰抽象事物,如心灵、感情、思想等;而"干净"一般用于具体的事物,如衣服、房间、空气等。例(35)应用"干净"。"暖和"只能用于形容天气、衣服、身体等具体事物,不用于形容抽象的事物;"温暖"则可用来形容抽象的感觉。例(36)应用"温暖"。"位置"是具体的,"地位"是抽象的。例(37)应用"地位"。

(四)分不清适用于什么样的情况或行为

具体来说,适用的情况、行为是积极的还是消极的,是具体的还是抽象的，是虚假的还是真实的，是相同的还是相反的，等等。

（38）*最近发生了一个<u>重要</u>事件，就是有一些不善良的人在婴儿吃的牛奶里加了毒药。（正：重大）

（39）*我相信从现在起努力工作，一定可以<u>制造</u>幸福。（正：创造）

（40）*如果你追求什么，要努力，要用每个方法尝试<u>到达</u>目的。（正：达到）

"重大"可以用于修饰消极意义的情况或行为；"重要"修饰的情况一般不能是消极的。"制造"引起的结果往往是消极的，如麻烦、矛盾、谣言等；"创造"的结果一般是积极的，如幸福、奇迹、辉煌等。"到达"多用于具体行动，宾语多是表示处所的名词，如机场、学校、北京等；"达到"多用于抽象活动，宾语多是目的、理想、水平等。这三例应分别改为"重大""创造""达到"。

（41）*他最近<u>再三</u>出错误，不知是怎么一回事。（正：一再）

（42）*出来监狱以后，他<u>照常</u>偷东西。（正：照样）

（43）*<u>只有</u>大海里的水都干了，我才会改变。（正：除非）

"一再"可以修饰消极行为，"再三"一般修饰积极或中性的言语行为。"照样"可以修饰不好的行为，"照常"不能。"除非"引进的条件可以是虚假的、不可实现的，"只有"引进的条件不能是虚假的。这三例应分别改为"一再""照样""除非"。

（五）分不清适用于什么样的时间

一组近义词，有的用于已经发生的事，有的用于还未发生的事；有的用于时间点，有的用于时间段。学习者常常弄不清楚时间上的差异，出现偏误。

（44）*这次比赛你打得真好！<u>祝</u>你获得第一名！（正：祝贺）

（45）*三年前，我准备高考的时候，爸爸妈妈为了我<u>再</u>买了一台新电视机。（正：又）

(46) *昨天我的朋友都去市里了，但是我<u>不</u>去。（正：没）

"祝""祝贺"都表示庆贺，"祝"用于未然，"祝贺"用于已然。"再""又"都表示重复，"再"多用于未然，"又"多用于已然。"不""没"都表示否定，"不"多用于未然，"没"多用于已然。这三例说的都是已经发生的事，应分别改为"祝贺""又""没"。

(47) *咱们暑假先去云南，<u>后来</u>去西藏，怎么样？（正：然后）

(48) *公司的船发生了有点儿问题。听说修理大概需要一个星期，所以我们希望<u>急忙</u>地找别的海运公司。（正：赶快）

"后来""然后"都表示时间的先后，"后来"只用于已然，"然后"可用于已然和未然。"急忙""赶快"都表示行动加快，"急忙"用于已然，"赶快"可用于已然和未然。这两例说的都是还未发生的事，应分别改为"然后""赶快"。

(49) *明天早上9点我一定<u>按期</u>来。（正：按时）

(50) *明天<u>立刻</u>就要考试了，你复习了吗？（正：马上）

(51) *我<u>连连</u>咳嗽了几天，没有上课。（正：一连）

"按时"主要指具体的时间点，"按期"所指的是时间段。例（49）指具体的时间点，应用"按时"。"立刻"表示动作行为在当下很快发生，"马上"还可以表示动作行为在较长时间内发生。例（50）说的是明天的事，时间较长，应用"马上"。"连连"表示动作行为在很短时间内快速接连发生，"一连"表示动作行为在较长时间内连续发生。例（51）中的"几天"，时间较长，应用"一连"。

五　混淆不同义项

一组近义词，常常其中一个是多义词，或者都是多义词，除了相同或相近的义项外，还有一些不同的义项。学习者经常会混淆不同义项，出现偏误。如：

（52）*这次旅游对我们每个人都有特别的意思。（正：意义）

"意思"和"意义"都可以指语言文字或其他信号所表示的内容，但"意义"还可以表示价值、作用。如"探讨人生的意义""一部富有教育意义的影片"等，"意思"没有此义项。此例应改为"意义"。

（53）*因为我周围有很多韩国朋友，所以能简单地找到会说韩语的人。（正：容易）

"容易"和"简单"在表示不难、不费力这一义项上是近义词，但"容易"还可以表示发生某种情况的可能性大，"简单"没有这样的用法。此例应用"容易"。

（54）*每个父母都希望自己的儿童可以有好的前途。（正：孩子）

"儿童"和"孩子"都可以指比较小的未成年人，但"孩子"还可以指"儿女"，"儿童"不行。根据语境，此例是指儿女，因此要用"孩子"。

（55）*我学汉语刚才四个月。（正：刚刚）

"刚才"和"刚刚"都表示不久以前，"刚刚"还表示勉强达到某一数量或程度。此例应用"刚刚"。

第二节 语法偏误

语法偏误主要有以下几种类型：语法特征的偏误、句类句型句式的偏误以及句法组合的偏误。

一 语法特征偏误

语法特征主要指词性、充当句子成分的能力、能否重叠等，近义词常常在这些方面存在差异，弄不清这些差异，也会出现偏误。

大部分近义词是由词性相同的词构成，但也有一些是由不同词性的词构成。词性不同，用法就有不同。弄不清词性的差异而出现的偏误也很常见。

（1）*我们公司开业以来，一直受到顾客们的信誉。（正：信任）

（2）*我信心你能做好这件事。（正：相信）

（3）*英国的问题是很特性的。（正：特别/特殊）

以上三例，不能用名词"信誉""信心""特性"，应当用动词"信任""相信"和形容词"特殊"或"特别"。

（4）*她努力一边学习，一边参加跳舞俱乐部。（正：舞蹈）

（5）*这些流传很有意思。（正：传说）

（6）*帮助他解决思想问题要有忍耐。（正：耐心）

以上三例，不能用动词"跳舞""流传""忍耐"，应当用名词"舞蹈""传说""耐心"。

（7）*公司的船发生了有点儿问题。听说修理大概需要一个星期。（正：一点儿）

（8）*当然有的中国人能向别人抱歉，不过非常地少见，还是没礼貌不抱歉的人非常多。（正：道歉）

"有点儿"是动词短语，不能做定语，应改为数量短语"一点儿"。"抱歉"是形容词，不能受介词短语的修饰，应改为动词"道歉"。

有时候，一组近义词的词性相同，但句法功能却有不同，弄不清这一点，也会出现偏误。

（9）*这次考试我们的分数同样。/ *你们两个长得同样。（正：一样）

（10）*没想到他是如此一个人。/ *我有如此的朋友真高兴！（正：这样）

（11）*出发之前，要充足了解那个地方的情况，比如交通、住宿等等。（正：充分）

"同样""一样"都是形容词，都表示相同，但"一样"可以充当谓语、补语，"同样"只能充当定语。例（9）应改为"一样"。"如此""这样"都是代词，意义相同，但"如此"一般不充当定语，"这样"可以充当定语。例（10）应改为"这样"。"充足"和"充分"都是形容词，但"充分"可以充当状语，"充足"只充当定语、谓语，不能充当状语。例（11）应改为"充分"。

（12）*路上，很多人往往来来。（正：来来往往）

（13）*她今天打扮得美美丽丽。（正：漂漂亮亮）

（14）*姐姐细细心心地找了很长时间，但是还没有找到。（正：仔仔细细）

"往来"与"来往"、"美丽"与"漂亮"、"细心"与"仔细"意义相同，词性相同，但"往来""美丽""细心"不能重叠，而"来往""漂亮""仔细"可以重叠。

二 句类句型句式偏误

一组近义词，适用的句类句型句式常有不同：有的用于祈使句，有的用于疑问句，有的用于陈述句；有的用于单句，有的用于复句；有的用于"把"字句，有的用于"被"字句。弄不清句类句型句式差异而出现的偏误也不少。

（15）*你看，那里许多人哪！（正：好多）

（16）*过春节的时候，我们华侨请本地朋友来家里吃饭还是参加晚会。（正：或者）

（17）*下大雨了，赶忙进去！/ *上课铃已经响了，赶忙进教室吧。

（正：赶快）

"好多"可用于感叹句，"许多"不能。例（15）是感叹句，应用"好多"。"还是""或者"都表示选择，"还是"用于问句，"或者"可用于疑问句和陈述句。例（16）是陈述句，应用"或者"。"赶快"可以用于祈使句和陈述句，"赶忙"只用于陈述句。例（17）是祈使句，应用"赶快"。

（18）*他把先达成为了苏门答腊岛佛教的主要圣地。（正：变成）

（19）*中国经济发展的速度很快、人民生活一天比一天发达、教育质量越来越提高、汉语被注重。（正：重视）

"变成"可以用于"把"字句，"成为"不能。例（18）是"把"字句，应用"变成"。"重视"可以用于"被"字句，"注重"不能。例（19）是"被"字句，应用"重视"。

（20）*老师很耐烦地给我们讲课。（正：耐心）

（21）*在困难的时，首先我们得着想别人。（正：考虑）

（22）*有时间的时候我要去到香格里拉，可以见面别的少数民族。（正：见到）

"耐烦"一般用否定形式"不耐烦"，不用肯定形式。例（20）应用"耐心"。"着想"只能用在"为……着想"的句式中。例（21）应用"考虑"。"见面"只用在"和……见面"或"人（复数）+见面了"的句式中。例（22）应用"见到"。

三　句法组合偏误

一组近义词，在句子中与其他成分的组合搭配，如句中位置、前接成分、后接成分、音节数量等常常不同，弄不清组合差异而出现的偏误非常多。

（一）句中位置的偏误

句中位置指近义词语在句子中的位置，还可以具体分为：主语前、主语后、句首、句中、复句中的哪个分句、能否独立使用等。

(23) *他悲伤，<u>为了</u>他的狗不见了。（正：因为）

(24) *考试的题没做完，<u>由于</u>时间不够。（正：因为）

(25) *请留下电话号码，我们<u>以便</u>和你联系。（正：好）

"因为"既可用于前一分句，又可用于后一分句；"为了"和"由于"只能用于前一分句。例（23）（24）都应用"因为"。"以便"只能位于主语之前，"好"只能位于主语之后。例（25）应用"好"。

（二）前接成分的偏误

前接成分指近义词前面出现的词语，实际上就是定语、状语与中心语的搭配组合问题。具体又可以考虑这些子因素：前面的成分是名词性还是动词性，是哪类名词，前面是否可有否定词和副词、是否有固定的习惯搭配等。

(26) *我来中国学习汉语有三个<u>缘故</u>。（正：原因）

(27) *他跟一般的男<u>儿童</u>不太一样，不喜欢玩游戏，只喜欢看书。（正：孩子）

(28) *是因为我家面积很<u>少</u>但是人口多。（正：小）

"原因"前面可以有数量短语，"缘故"不能。"孩子"前面一般可以有"男""女""大""小"等形容词，"儿童"不能。一般说"面积小"，不说"面积少"。这三例应分别改为"原因""孩子""小"。

(29) *他走得很<u>急忙</u>。（正：匆忙）

(30) *你自己去吧，就<u>以免</u>我再去了。（正：免得）

"匆忙"可以受程度副词修饰，"急忙"不能。"免得"前面可以有"也""又""就"等副词，"以免"前面不能有这些词。这两例应分别改为"匆忙""免得"。

(31) *你给我出个<u>办法</u>吧。（正：主意）

（32）*我问他："现在你做什么商业？"他说："我计划去印度尼西亚做贸易商业。"（正：生意）

"办法"不能和动词"出"搭配。"商业"不能和动词"做"搭配。这两例应改为"主意""生意"。

（三）后接成分的偏误

后接成分指其后面出现的词语，实际上就是谓语与宾语、补语的搭配组合。具体又可以考虑这些子因素：能否带宾语、带哪一类宾语；能否带补语；后面的成分是名词性还是动词性，是哪类名词或动词，是光杆词还是词组或句子等复杂形式，等等。

（33）*幸福就是你帮忙一位老人过马路的时候。（正：帮助）

（34）*我不知道什么时候完了在中山大学的生活。（正：结束）

（35）*当时，我看他的脸上满了失望。（正：充满）

"帮忙""完""满"不能带宾语，应分别改为能带宾语的"帮助""结束""充满"。

（36）*我想打听您一件事。/ *他来打听你关于朗读比赛的事。（正：问）

（37）*他生病得厉害，因病停职了一年。（正：病）

（38）*他们俩那么高兴，心情愉快，看起来变成年轻一点儿。（正：变得）

"打听"只能带一个宾语，"问"可以带两个宾语，一个指人，一个指事。"生病"不能带补语，"病"可以带补语。"变成"后面是名词性宾语，"变得"后面是形容词性补语。这几例应分别用"问""病""变得"。

（39）*我们感觉一边累，一边幸福。/ *我一边兴奋，一边害怕。（正：又……又……）

（40）*这个问题尚未办法解决。（正：尚无）

（41）*学生们忍不住单调的生活。/ *他忍不住剧烈的疼痛，晕倒了。

（正：受不了）

（42）*他每天都打太极拳，从而他身体很强。（正：所以）

"一边"后面只能是动词，不能是形容词，"又"后面可以是形容词。"尚未"后面必须跟动词，"尚无"后面必须跟名词。"忍不住"后面必须跟动词性短语，"受不了"后面必须跟名词性短语。"从而"的后面必须是动宾短语，"所以"后面可以是小句。这几例应分别改为"又……又……""尚无""受不了""所以"。

（43）*我在中国，没有知道家里的事。／*我小的时候，对棒球运动没有感兴趣。（正：不）

（44）*我觉得学习生词能提高我们的知识。（正：增加）

"没有"不能和"知道""感兴趣"搭配。"提高"不能和"知识"搭配。这几例应分别改为"不""增加"。

（四）音节配合的偏误

汉语中有一些近义词是由一个单音节词和一个双音节词组成，这类近义词，意义相同，并且有共同语素，但与之组合的词语在音节数量上不同。学习者往往误以为可以无条件互换，出现偏误。

（45）*100个15岁至64岁的人必须抚养的老人数。（正：数量）

（46）*女孩子吓得心脏停了跳动。（正：停止）

（47）*我家有了新的家成员。／*但是她的家生活真的很幸福。（正：家庭）

（48）*我每天一边努力学习一边想我将来跟家庭员一起幸福生活的面貌。（正：成员）

（49）*我们班的同学来自不同的国。（正：国家）

（50）*老师的教方法不是不好，只是我愿意在上课时，老师给我们多做练习题。（正：教学）

汉语词语的音节配合一般遵循单音节与单音节配合、双音节与双音节配合的原则，以上几例中单音节词"数""停""家""员""国""教"均与双音节词配合，应改为相应的双音节词。

第三节　语用偏误

有时，一组近义词意义、用法相似，差异主要表现在感情态度、语体风格、适用场合等方面，这样的偏误称为"语用偏误"。

一　感情态度偏误

近义词的基本意义相同或相近，但其中包含的感情态度会有不同。感情态度的偏误也有一些。

（1）*经过努力，他们得到很大的<u>后果</u>。（正：成果）

（2）*老师的话<u>导致</u>了全班同学的热烈讨论。／*这几年来，越南经济快速发展，人民生活也大大改善了，并且外来文化影响不少……<u>导致</u>越南人的休闲娱乐方式更加丰富多彩。（正：引起）

"后果"指坏的结果，是贬义词；"成果"指好的结果，是褒义词。"导致"是贬义词，所产生的结果都是不好的；"引起"是中性词，结果可以是不好的，也可以是好的。这几例应分别改为"成果""引起"。

（3）*不管怎么样，兄弟之间一定要理解，<u>庇护</u>。（正：爱护）

（4）*那一年，这个伟大的作者<u>死</u>了。（正：去世/逝世）

（5）*从那时候他被中国<u>迷惑</u>了。（正：迷住）

"爱护"是褒义词；"庇护"是贬义词。"死"没有尊敬的感情色彩，用于一般的人;"去世""逝世"有庄重、尊敬的色彩,多用于好人、重要的人。"迷惑"是贬义词;"迷住"是中性词。这三例应分别改为"爱护""去世/逝世"和"迷住"。

(6)*天气再不像前天那么热了。/ *她已经老了,再不漂亮了。(正:不再)

(7)*快要考试了,我们真是狗急跳墙。(正:焦急万分)

"不再"是客观地叙述,"再不"主要表示主观的决心,例(6)说的是客观情况,应用"不再"。"狗急跳墙"比喻走投无路时不顾一切地采取极端的行动,具有贬义色彩,用在例(7)中不合适,可改为"焦急万分"。

二 语体风格偏误

一组近义词,一个是书面语,另一个却比较口语化。如果混用,句法上虽然成立,但会显得别扭。语体风格方面的偏误时有出现,即使是学习汉语多年、水平较高的汉语二语者,仍然会出现这方面的偏误。

(8)*有的把其视为主语,有的把其视为状语。(正:将)

(9)*如上所说,本人所搜集的语料有一大部分来自问卷调查。(正:述)

(10)*这次我们将要销售产品是各种水果,流通期限比较短,易于坏了,所以这次产品需要迅速运输。(正:损坏)

(11)*如果我们合适与贵公司的条件,打算大批订货。要是大批订货,价格能不能优惠?(正:如/能否)

前两例是硕士生写的论文中的句子,后两例是本科生写的商务信函中的句子。论文和商务信函都是典型的书面语,但这几例中却出现了"把""说""坏了""要是""能不能"这些口语词,显得不够正式得体,应分别改为"将""述""损坏""如""能否"。

(12)*商品价钱会受到市场供应情况的影响。(正:价格)

(13)*他对我生气了，从而我们不说话。（正：所以）

"价钱"是口语词，却用在书面语中。"从而"是书面语词，却用在口语句子中。这两例出自留学生的作文，应分别改为"价格""所以"。

三 场合情境偏误

有的近义词，意思差不多，但是使用的场合或情境不同，学习者常常弄不清这一点，出现偏误。

(14)*我宁愿考试，考的话可以知道自己的水平。（正：愿意）

(15)*我情愿去西安,很古老的城市。（正：愿意）

"宁愿""情愿"在下面的情境下才能用：要做的事往往并不符合自己的心愿，但为了某种目的愿意去做。在表示完全符合心愿、没有勉强的时候应该用"愿意"。以上两例均应改为"愿意"。

(16)对不起，让你久等了！—*没什么。（正：没关系）

(17)小李，谢谢你帮我的忙！—*没关系，一点小事。（正：没什么）

回答"对不起"时，最好用"没关系"。回答"谢谢你"时，最好用"没什么"。

需要说明的是，由于意义的差异往往会造成语法、语用多个方面的差异，因此，许多偏误不是单一类型的，常常是集几种类型于一身，可以归入不同的类型。具体参见以上例句，此处不再赘举。

思考题

1. 请收集50个近义词偏误，分析这些偏误的类型。
2. 在教学中你还遇到哪些类型的近义词偏误？请补充。

第七章 近义词偏误成因分析

> 汉语二语学习者为什么会产生近义词偏误?
> 产生偏误的原因是什么?哪些原因是最主要的?

James(2001)从偏误来源的角度将中介语偏误分为四类:语际偏误(interlingual error),指母语负迁移引起的偏误;语内偏误(intralingual error),指因对目的语规则过度概括或忽视规则使用限制等而引起偏误;交际策略偏误(communication strategy-based error),指学习者缺乏合适的语言资源来表达自己的意图,为了达到交际目的而不得不采用一些不准确的语言形式而引发的偏误;诱导性偏误(induced error),指因为教科书、词典编写不恰当或教师讲解不到位而引发的偏误。

通过考察和分析,我们认为,二语学习者的近义词偏误,主要原因有四个:一是母语的负迁移;二是教材和工具书释义的误导;三是教师对词语的用法及近义词的差异讲解不足;四是学习者使用交际策略。

第一节 母语负迁移

母语负迁移是近义词偏误产生最常见的原因之一。由于不同语言的词汇语义系统不同,学习者母语中的一个词,在汉语中可能对应两个甚至几个词语。

有时，汉语中的一组近义词在学习者的母语中也存在，但是其用法和分布与汉语也有差异，这两种情况都属于Prator（1967，转引自Ellis，1999）提出的"难度等级模式"（hierarchy of difficulty）中高难度的语言点，往往会导致学习者产生偏误。

所谓"难度等级模式"，是根据学习者母语和目的语之间差异大小所划分的难度层级。对比语言学中常将母语和目的语的异同划分为六个不同等级：（1）母语和目的语的某个语言项没有差异；（2）母语的两个语言项等于目的语的一个语言项；（3）母语的某个语言项在目的语中不存在；（4）母语中的某个语言项在目的语中的等值项有不同的分布；（5）母语的语言项和目的语没有相似之处；（6）母语中的一个语言项在目的语中有两个或多个对应的语言项（Ellis，1999）。Prator（1967）将这些语言差异和学习难度联系起来，认为上述（1）—（6）级语言项目的学习难度从0级到5级逐渐递增。虽然这种将语言差异等级顺序完全等同于学习难度等级顺序的观点受到一些质疑（Ellis，1999），但不可否认的是，由于（4）—（6）级的语言项处于较高的对比等级，因此更容易出现母语负迁移，习得难度较大。下面以常见的几种学习者母语为例说明学习者母语如何对汉语近义词习得产生影响。

汉语的近义词十分丰富，学习者母语中的一个词，在汉语中常常对应的是两个甚至几个近义词语，这种母语一个词对应目的语多个词的情况，学习难度高，容易产生偏误。受母语负迁移的影响，学习者常常把汉语的一组近义词当成一个词来使用。

一 韩语负迁移

汉语的"知道""认识""了解""懂得""明白"，在韩语中都用一个词알다来表示（李炅恩，2006），因此，韩国学习者常将这几个词混用。

(1) *我不知道这字。（正：认识）

(2) *我常常看电视，虽然不能都了解。（正：明白/懂得）

(3) *所以对清朝三代皇帝比较明白。（正：了解）

（4）*我们怎么能知道世界呢？（正：了解）

在汉语中，"观光"不能带宾语，"游览"可以带宾语；而在韩语中，관광（观光）和유람（游览）都可以带宾语，于是韩国学习者把韩语的用法迁移到汉语中，给"观光"带上宾语。

（5）*观光首尔市内很有意思。（正：游览）

韩语的명확对应汉语的"清楚""明确"两个词，韩国学习者往往分不清二者区别而混用。

（6）*已经过去8年了，所以记得不太明确。（正：清楚）

韩语的변화，可以对应汉语的"改变""变化"，而且可以带宾语，因此韩国学习者出现了"变化自己"这样的偏误。

（7）*他决定了从今天开始变化自己。（正：改变）

韩语的"特性（특성）"可对应汉语的"特点""特性"两个词，因此韩国学习者常用"特性"替代"特点"。

（8）*地理的特性是西高东低，山水丰富。（正：特点）

二　日语负迁移

日语中"浓厚"相当于汉语的"浓厚"和"浓重"。如"浓重的味道"在日语里翻译成"浓厚な味"。日本学习者受此影响产生偏误。

（9）*因为姜和绿茶能消除或减少口中留着的浓厚的味道。（正：浓重）

日语中有"抚养"没有"赡养"，"抚养"表示"照顾养育家人"，没有年龄限制；而汉语中"抚养"只用于养育子女，照顾扶助老人要用"赡养"。受日语负迁移的影响会出现偏误。

（10）*高龄化社会的问题是如何<u>抚养</u>那么多的老年人。（正：赡养）

日语中既有"技巧"，也有"技术"，其中"技巧"与汉语是同形词，"技术"写作"技術"。二者在适用对象上与汉语有同有异，在指舞蹈、演奏等方面时，日语和汉语相同，都用"技巧"，如"舞踊の技巧""演奏の技巧"，但指写作时，日语说"作文の技術"，而汉语则说"写作技巧"。日本学习者常会出现偏误。

（11）*我希望在上课里听一听那些对写作文的要领、<u>技术</u>等，然后回去自己写一写。（正：技巧）

日语中的"贵重"对应于汉语的"贵重""宝贵""珍贵"等词，适用范围很广，比如时间在日语中就可用"贵重"修饰。汉语的"贵重"侧重指因价格高而有价值，一般多用来形容具体的物品，如"贵重仪器""贵重礼品"等。如果形容抽象事物，如时间、生命、友谊等要用"宝贵"或"珍贵"。日本学习者常会将"贵重"与"宝贵""珍贵"混淆。

（12）*我们在中国剩下的日子已不多了，为了以后不后悔，我们好好儿享受<u>贵重</u>的时间吧！（正：宝贵/珍贵）

汉语的"经验"和"经历"在日语中都是一个词"経験"，日本学习者会出现下面的偏误。

（13）*我自己没有<u>经验</u>过失业。（正：经历）
（14）*我从来没<u>经验</u>过跟别人一起住的生活。（正：经历）

三　泰语负迁移

"天气""气候"在泰语里都是一个词 อากาศ，二者没有区别，泰国学习者容易混淆二者的用法，产生偏误。

（15）*曼谷的冬季比较短，因为有太多环境污染，<u>天气</u>有点儿改变了。（正：气候）

在泰语中，"痛快"和"愉快"都可对应 สบายใจ，泰国学习者受母语的影响，分不清二者的区别。

（16）*明天就要过新年了，看起来，大家心里都很<u>痛快</u>。（正：愉快）

泰语中不区分"帮忙"和"帮助"，都用 ช่วยเหลือ 表示，它既可以做动词直接加宾语，也能做名词。受此影响，泰国学习者常分不清汉语"帮忙"和"帮助"的用法。

（17）*这时我父母很开心，因为我有很多时间跟他们聊天儿，还有有时候我<u>帮忙</u>他们。（正：帮助）

四　越南语负迁移

汉语的"会""认识""知道"，在越南语中都用一个词 biết；汉语的"正确""准确"，在越南语中都可用 chính xác 来表示；汉语的"见""遇到"，在越南语中都用 gặp。越南学习者受母语影响，常出现混用。

（18）*我<u>知道</u>写汉字了。（正：会）

（19）*你应该<u>知道</u>我的朋友，对吗？（正：认识）

（20）*请告诉我你<u>正确</u>的回国时间。（正：准确）

（21）*刚来的时候，我<u>见</u>过一些困难。（正：遇到）

越南语 tử tế 可以对应汉语的"仔细"和"细心"两个词，越南学习者容易混淆这两个词。

（22）*荔枝的从种时到能收获时也需要八年左右，还要<u>仔细</u>照顾。（正：细心）

"亲切"和"亲密"两个词在越南语中都有。"亲切"是thân thiết，"亲密"则是thân mật。但这两个词的用法与汉语有所不同。在越南语中，"亲切"可以用来形容人与人之间的关系，如"亲切的关系（quan hệ thân thiết）"；而"亲密"一般形容气氛，如"气氛亲密（không khí thân mật）"。因此，越南学习者常用"亲切"来形容关系。

（23）*上了高中我们的关系越来越<u>亲切</u>，我在心里多半是已经把她当作我的女朋友了。（正：亲密）

越南语中有"表示"和"表达"两个词，分别是biểu thị和biểu đạt。但二者与汉语"表示""表达"的对应关系比较复杂。biểu đạt适用范围比汉语的"表达"小，一般多用在文学批评中，如"表达的风格（phong cách biểu đạt）"；而biểu thị不但对应汉语的"表示"，还可以对应汉语的"表达"，适用范围很广，如"表达思想""表达感情"在越南语里都用biểu thị（表示）而不用biểu đạ（表达）。因此越南学习者会出现偏误。

（24）*故事的目的，我想为了<u>表示</u>秦王的王妃对蒙毅是极大的爱。（正：表达）

五 多语种负迁移

考察中发现，不少汉语的近义词，在几种语言中都可以用一个词语来表达，因此会出现多语种的负迁移现象。例如英语的experience、日语的"経験"、韩语的경험都同时包含了"经验"和"经历"的意思。因此这些国家的学习者在学习"经验"和"经历"这组近义词时都可能混淆二者的用法。

（25）*来中国留学，对我来说是非常好的<u>经验</u>。（正：经历）（新西兰）

（26）*我不想孙女<u>经验</u>跟我们一样的辛苦。（正：经历）（日本）

（27）*男主角的女儿怀孕了去产科医院的时候，那里没有医生，只有学生。学生们没有<u>经历</u>，不会诊疗。（正：经验）（韩国）

（28）*我在一个月的菲律宾生活中虽然经验了很多困难的事情，但是我好好解决了。（正：经历）（韩国）

汉语的"认识""知道"和"了解"，越南语都用一个词biết，韩语都用一个词알다来表示，英语都可以翻译为know。因此，这些母语背景的学习者常将这几个词混用。

（29）*那时我　才来中国一个星期，只知道几个同学，没有其它朋友。（正：认识）（越南）

（30）*我了解，他决定给我写信，一定是下了很大的决心。（正：知道）（韩国）

（31）*不知道汉字，不念书，就不能理解更多的中国思想。（正：认识）（韩国）

（32）*我认识白云山，我的朋友告诉我很有名。（正：知道）（澳大利亚）

汉语的"会""可以""能"，英语都用can，日语都可以用できる表示，韩语这几个词有时均可用을/ㄹ 수 있다这个结构来表示；泰语有时都可以翻译成สามารถ，因此这几种母语背景的学习者都会在这几个词的使用上出现偏误。

（33）*如果我学习汉语，我会跟我的老板说话。（正：能/可以）（英国）

（34）*我的肚子不会忍那么长时间……到底我决定我一个人先回家等一下他的电话。（正：能）（日本）

（35）*这个山的旁边有一个亭子。你会休息一会儿。（正：可以）（韩国）

（36）*我为什么喜欢当老师呢？因为工作时间比较自由，除了有上课的时候以外，有空的话会休息。（正：可以）（韩国）

（37）*不过难句子还是不可以说，到现在还是要继续努力学习。（正：

会）（泰国）

母语的负迁移，是汉语二语学习者出现近义词偏误的一个重要原因，教学时应当关注。

第二节　教材、工具书的误导

一　外语释义误导

汉语词语的外语释义，主要出现在教材的生词表及学习者使用的汉外词典中。目前教材和词典的外语释义，主要采用外语词语对译的方式，用同一个外语词语来注释汉语的几个近义词。学习者如果照着教材和词典中的外语释义去理解，就很容易产生偏误。

先看教材生词表的外语释义。这里以《博雅汉语》为例。

《博雅汉语·起步篇》的英文释义举例：

家（10课）：family　　　　　　家庭（10课）：family
突然（39课）：suddenly　　　　忽然（50课）：suddenly
还是（15课）：or　　　　　　　或者（33课）：or

《博雅汉语·起步篇》的日语释义举例：

有点儿（14课）：少し、少し〜だ
一点儿（17课）：少し、少し〜だ
祝（24课）：祝う、祈る　　　　祝贺（44课）：祝う
美丽（50课）：美しい　　　　　漂亮（14课）：綺麗、美しい

《博雅汉语·起步篇》的韩语释义举例：

知道（4课）：알다　　　　　　　认识（2课）：알다
有点儿（14课）：조금, 약간　　一点儿（17课）：조금, 약간
见（6课）：보다, 만나다　　　　看（9课）：보다

再看词典的外语释义。我们对中山大学留学生使用的汉外词典进行了调查，举例如下：

《汉英词典（修订版）》（外语教学与研究出版社，1995）：

细心：careful; attentive　　　　仔细：careful; attentive
维持：keep; maintain; preserve　保持：keep; maintain; preserve
尊重：respect; value; esteem　　尊敬：respect; honour; esteem
如此：so; such; in this way　　　这样：so; such; like this; this way

《现代日汉汉日词典》（外语教学与研究出版社，1991）：

终于：とうとう．ついに．　　　到底：とうとう．ついに．
赶快：急いで．速く．さっさと．　赶忙：急いで．
常常：時時．しばしば．　　　　　往往：時時．しばしば．よく．

《中日辞典》（第2版）（小学馆，2002）：

发生：発生する．起こる．生じる．　产生：発生する．生じる．現れる．
妨碍：妨げる．妨害する．邪魔する．障碍：妨げる．妨害する．
美丽：きれいである．美しい．　　　漂亮：きれいである．美しい．

《现代汉越词典》（张文界、黎克乔录编，2001）：

放心：an tâm　　　　　　　　　　安心：an tâm
正确：chính xác　　　　　　　　准确：chính xác, chuẩn xác
知道：biết　　　　　　　　　　　认识：biết, nhận biết
见：gặp phải, tiếp xúc　　　　　遇到：gặp phải

《中韩辞典》（高丽大学，1998）：

依赖：의지하다. 기대다.　　依靠：의지하다. 기대다. 의뢰하다.
重视：중시하다. 중요시하다.　　注重：중시하다
终于：마침내. 결국. 끝내.　　到底：마침내. 결국.
同样：같다. 다름없다. 마찬가지다.　　一样：같다. 동일하다.

我们认为，这种用外语词语对译的释义方法，看起来虽然简明，但实际上有副作用：将汉外词语之间多对一的关系用书面的形式明确化，从而强化了母语的负迁移，往往直接导致偏误的产生。

二　汉语释义误导

教材、工具书的汉语释义方式不当，释义不准确，也是导致学习者出现偏误的重要原因。近义词释义是汉语词典释义的主要方法之一，而现行汉语教材词语的汉语释义主要是参照甚至照搬词典的释义，也多采用近义词释义的方法。

先看教材的汉语释义。以两部教材为例：

《博雅汉语》（2005）：

情愿（冲刺篇Ⅱ，6课）：心里愿意　　最终（冲刺篇Ⅱ，2课）：最后
导致（飞翔篇Ⅰ，10课）：引起　　连忙（冲刺篇Ⅰ，1课）：马上

《中级汉语精读教程（Ⅰ册）》（1999）：

拥有（2课）：有、具有　　后果（5课）：最后的结果
顿时（7课）：立刻　　如此（9课）：这样
信任（17课）：相信　　向来（11课）：从来、一向

再看词典的汉语释义。这是两部重要的汉语词典的释义：

《现代汉语词典（第5版）》（2005）：

许多：很多　　如此：这样
家：家庭　　停：停止
关怀：关心　　导致：引起

著名：有名 　　　　　漂亮：好看；美观
注重：重视 　　　　　认可：许可；承认
温暖：暖和 　　　　　名誉：名声

《商务馆学汉语词典》（鲁健骥、吕文华，2006）：

动身：出发 　　　　　缘故：原因
快活：高兴 　　　　　欢喜：高兴，愉快
景象：现象，状况 　　华丽：光彩、美丽
称赞：夸奖、表扬 　　明白：清楚、了解、懂得
许多：很多 　　　　　如此：这样
家：家庭、人家 　　　停：停止
尊重：尊敬、重视 　　顿时：立刻、马上

不难看出，这种近义词释义的方法释义过于简单，如果教师在教学中完全按照教材或词典的释义讲解，不对近义词的差异做进一步说明，极易造成误导，诱发偏误。

综上所述，目前，无论是教材还是词典，无论是外语释义还是汉语释义，大多采用以词释词、近义词互释的方式，只说明意义，不说明用法。我们认为，释义方式不当、释义过于简单是造成近义词偏误最主要的原因，比母语的负迁移更加值得关注。因为教材和词典，是学习者学习汉语词语的主要途径，也是教师教学的主要依据，对学习者的学习和教师的教学影响更大。

显然，要减少近义词的偏误，关键在于改进词语释义的方法。"外语词语对译"和"近义词释义"这两种释义法适合于以阅读和翻译中查找、理解词语意义为主导功能的消极性词典，不适合以生成句子为主导功能的积极性学习词典。学习词典应采用"解释性释义""解释性释义+近义词释义"或"解释性释义+举例"的方法（赵新、刘若云，2009），并说明词语的使用条件，这样才有利于学习者正确地掌握和使用近义词。

第三节　讲解不足

　　词语的用法讲解不足，近义词差异的讲解不足，也是造成近义词偏误的主要原因之一。

　　根据我们的教学经验，在讲解生词时，如果只讲生词的意义，不注意讲解或没讲清楚其使用条件，特别是不讲解清楚近义词之间的差异，学习者就会将生词与已经学过的意义相近的词联系起来，把刚学的生词当成已学过的熟词用，出现"以生代熟"的偏误，而且这种偏误在学习者中会普遍地、反复地出现。这种情况我们在教学中经常遇到，这里举一些例子。

　　"考虑"和"着想"意义差不多，但二者用法有不同："着想"一般只用在"为……着想"的句式中，不能带宾语；而"考虑"可以带宾语。在学习高级词"着想"时，不讲清用法，不讲清与初级词"考虑"的差异，偏误就会屡屡出现。

　　（1）*我知道爸妈为我的将来<u>着想</u>了很多。（正：考虑）

　　（2）*我们应当<u>着想</u>一下这个问题。（正：考虑）

　　（3）*在困难的时候，首先我们得<u>着想</u>别人。（正：考虑）

　　（4）*不能<u>着想</u>别人对我们有没有用，要想想别人是不是也要我们的帮助。（正：考虑）

　　"所以"和"从而"都是连词，连接因果分句，但"从而"一般用在书面性较强的句子中，而且后面只能是动宾短语或兼语短语。在学习高级词"从而"时，学习者常会把"从而"混同于已学过的初级词"所以"。

　　（5）*他学习很努力，<u>从而</u>他的汉语水平提高了。（正：所以）

　　（6）*昨天晚上我睡得早，<u>从而</u>今天很舒服。（正：所以）

（7）*他每天都打太极拳，从而他身体很好。（正：所以）

"愿意"和"情愿"意思差不多，但使用条件不同：使用"情愿"的前提是明知有所牺牲有所付出，但为了某种目的愿意去做，"情愿"的事一般是不符合自己心愿的；在表示完全符合心愿、没有勉强的时候应该用"愿意"。学习超纲词"情愿"时，如果不讲明，学习者会把"情愿"当成初级词"愿意"来用。

（8）*我情愿到广州学习汉语。（正：愿意）

（9）*我很情愿帮你去买飞机票。（正：愿意）

（10）*我情愿爬山，到达山顶的时候真爽快。（正：愿意）

（11）*我情愿去西安，很古老的城市。（正：愿意）

"不喜欢"和"嫌"意思差不多，但用法有不同："嫌"要用在"A嫌B＋adj"的句式中（A=人，B=事物，adj=形容词短语，说明A不喜欢B的原因）；而"不喜欢"常用在"A不喜欢B"的句式中。学习中级词"嫌"时，如果没讲清楚，学习者总是把"嫌"当成初级词"不喜欢、不满意"用。

（12）*我嫌这个手机，不想买。（正：不喜欢）

（13）*这件衣服我不要，我嫌这件衣服。（正：不喜欢）

"常常"和"往往"意思相近，都可以充当状语，但"往往"充当状语时，句中需要有表示规律性、时间性的词语。学习乙级词"往往"时，如果不讲清楚，学习者会把"往往"当成甲级词"常常"用。

（14）*这个学期，他往往迟到。（正：常常）

（15）*我往往去旅行。（正：常常）

（16）*他往往说要来看我们。（正：常常）

"根据"和"凭"意义相同，但用法不同："凭"引出的是行为所依靠的具体东西或某种能力,这种东西或能力一般是属于主语自己的;"根据"所引出的是行为的基础或依据,一般不属于主语自己。如果没讲清,学习者会把中级词"凭"当成初级词"根据"来用。

(17)*这个图书馆是凭历史建的。(正:根据)

(18)*这个图书馆是凭学生们的意见新建的。(正:根据)

(19)*这些衣服和提包凭人的情绪变色。(正:根据)

"见"和"见面"意义相同,"帮"和"帮忙"意义相同,但"见面""帮忙"是离合词,用法不同于一般动词,不能带宾语。学习者常把"见面"当成"见"用,把"帮忙"当成"帮"用。

(20)*今天我见面了一个朋友。(正:见)

(21)*现在我应该向你告别了,见面你很高兴。(正:见)

(22)*你一定要帮忙我!(正:帮)

(23)*我们要照相,请帮忙一下。(正:帮)

我们认为,讲解不足与教材、工具书的释义有一定关系。教材、工具书是教学的主要依据,许多教材、工具书释义比较简单,以词语释义法为主,以解释词语的意义为主,对词语的词性、用法及组合搭配等说明不充分或不说明,这样教师就缺少讲解的依据,讲解不足,从而使得学习者目的语知识不足,结果产生偏误。

第四节 学习者的交际策略

一组近义词,有的成员是初级词或中级词,有的则是高级词甚至是超纲词。一般来说,初级词常用度最高,中级词次之,高级词和超纲词又次之;常用词先接触先学习，其他的后接触后学习。有时，有的词学习者未学过或不熟悉，他们就会用学过的、熟悉的词来替代，可能明知这个词不那么准确，但出于交际的需要，不得不采用这种"以熟代生"的策略，于是产生偏误。

（1）*这几年，在印尼正在流行修改汽车，大多数是男人。（正：改装）

（2）*我们俩利用放假的时间走旅行，怎么样？（正：徒步）

（3）*可是两个老人被聊天儿所醉了，不知道自己带去的孩子是对方的。（正：陶醉）

（4）*交通堵塞问题的原因是没有遵守交通规则、交警本身没有尽他所该做的任务。（正：职责）

以上四例中，误用词"修改""走""醉""任务"是初级词，当用词"改装""徒步""陶醉""职责"是超纲词。

（5）*早上来锻炼身体的人，可以穿很轻松的衣服了。（正：轻便）

（6）*本周日晚8：00，对外汉语系在宿舍十楼开一个表演。会上将有中国学生解释中国文化。（正：讲解）

（7）*这个行为明显表现他是一个有教育的人。（正：教养）

以上三例中，误用词"轻松""解释""教育"是初级词，当用词"轻便""讲解""教养"是高级词。

（8）*失业问题对社会安静有很大的影响。（正：安定）

（9）*这样才能消失对选美的不好的看法。（正：消除）

（10）*从那一天起，马铃薯片就出生了。（正：诞生）

（11）*有了电话我们的生活真是更加充满，我们可以在很短的时间内跟别人说话，而且是在一个很远的地方。（正：充实）

以上四例中，误用词"安静""消失""出生""充满"是初级词，当用词"安定""消除""诞生""充实"是中级词。

(12)*尽管越来越多的妇女和少女能够得到技能培养，但是她们能够得到的收入从未增加，甚至减少。（正：培训）

(13)*他们一看酒就吵架起来。（正：争吵）

以上两例中，误用词"培养""吵架"是中级词，当用词"培训""争吵"是高级词。

(14)*我们看电视或者看杂纸的时候，广告弥漫着我们的脑袋。（正：充斥）

(15)*年轻人常常一起去旅游，因为夏天是旅游是妥当的季节。（正：适宜）

以上两例中，误用词"弥漫""妥当"是高级词，当用词"充斥""适宜"是超纲词。

我们发现，学习者交际策略造成的偏误与讲解不足造成的偏误情况正好相反：交际策略造成的偏误，当用词是未学过的、不熟悉的，误用词是已学过、熟悉的，学习者用熟悉的词替代不熟悉的词（以熟代生）；而讲解不足造成的偏误中，当用词常是已学过、熟悉的，误用词是未学过、不熟悉的，学习者把不熟悉的词当成熟悉的词（以生代熟）。

由此可见，在近义词的学习和使用过程中，学习者"以熟代生"和"以生代熟"这两种情况都存在，二者出现的时间和原因不同："以生代熟"多发生在学习过程中，在学习、接触新词语时，由于讲解不足、缺乏相关知识，学习者往往会把新词语当成意义相同或相近的旧词语来使用，出现"以生代熟"的现象；而"以熟代生"多发生在交际过程中，由于表达时缺乏恰当的词语，学习者往往会用熟悉的近义词来顶替，出现"以熟代生"的现象。

通过分析，我们认为，在以上几个原因中，母语负迁移、教材工具书释义不当及讲解不足是造成近义词偏误最主要的原因。

思考题

1. 你认为近义词偏误的原因还有什么？请补充。
2. 你认为导致近义词偏误的最主要原因是什么？根据是什么？
3. 查看你所接触的对外汉语教材和工具书，并指出它们在近义词解释方面存在的问题。

第八章 近义词偏误特点分析

> 二语学习者近义词的偏误有什么特点？哪类偏误数量多？
> 偏误在不同水平阶段和母语背景下的分布情况如何？

第一节 偏误总体的定量统计与分析

我们统计了约90万字中介语语料中的双音节近义实词，主要是近义名词、动词和形容词的偏误，共计838例，各偏误类型的分布情况如表8-1。

表8-1 近义词偏误类型分布情况

	语义偏误		句法偏误		语用偏误
	义项差异、语义适用	其他	搭配组合、词性、功能	其他	
数量（例）	552	65	172	27	22
相对频率（%）	65.9	7.8	20.5	3.2	2.6
总数量（例）	617		199		22
相对频率（%）	73.7		23.7		2.6

由表8-1可以看出：

第一，语义偏误最多，共617次，占73.7%；句法偏误次之，共199次，占

23.7%；语用偏误最少，共22次，占2.6%。

第二，在我们的考察中，出现最多的偏误有四类：语义重点偏误、语义适用偏误、词性及句法功能偏误、搭配组合偏误。这四类偏误共计724次，占86.4%。我们认为，教学中应当抓住主要矛盾，在这四个方面多讲多练。如果这几类偏误减少，近义词的偏误将会大大减少。

第二节 偏误在不同学习阶段的分布

我们统计了语义、句法和语用三类偏误在各个水平阶段的分布情况。按照学习者的汉语水平，我们将语料分为中级一、中级二、高级三个级别，每个级别的语料各约30万字。

在约90万字的中介语语料中，我们共收集到近义词偏误838例，其中中级一阶段313例，中级二阶段296例，高级阶段229例。偏误整体分布情况如图8-1所示。

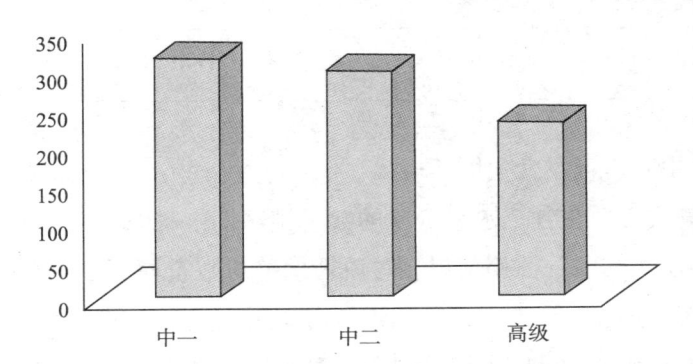

图8-1 近义词偏误在三个水平阶段的整体分布情况

图8-1直观反映了学习者近义词习得的总体趋势。总的来看，从中级一阶段到中级二阶段，偏误数量减少缓慢，仅减少了5.43%（17例），可见近义词习得情况在中级的前后两个阶段变化不大，习得过程较长。从中级二到高级阶段，近义词偏误数量下降了22.63%（67例），偏误下降幅度明显加大，偏误明显减

少。但从偏误绝对数量来看，到了高级阶段，近义词偏误仍有229例，可见，到了高级阶段，近义词仍是学习者词汇学习的难点。近义词偏误减少较慢的原因与其本身的认知难度有关。近义词使用的规则往往不如句法规则清晰明了，一组近义词成员之间的差异往往十分细微，必须在具体的语境中学习和体会才能逐渐掌握，因此习得难度大，偏误持续时间长。

近义词语义、句法和语用偏误在各个语言水平阶段的分布情况如表8-2所示。

表8-2 偏误类型在不同语言水平阶段的分布情况

	中级一		中级二		高级	
	数量（例）	相对频率（%）	数量（例）	相对频率（%）	数量（例）	相对频率（%）
语义偏误	221	70.61	212	71.62	184	80.35
句法偏误	82	26.20	75	25.34	42	18.34
语用偏误	10	3.19	9	3.04	3	1.31
总计	313	100	296	100	229	100

从表8-2中我们可以发现以下规律：

第一，偏误类型在各个水平阶段的数量排序基本一致，即：语义偏误>句法偏误>语用偏误。其中，语用偏误在各阶段的绝对数量均不多，学习者的偏误主要集中在语义和句法偏误上。语义偏误所占比例在每个水平阶段均超过70%，可见对近义词语义细微差异的把握是二语学习者最主要的难点。

第二，与句法偏误相比，语义偏误下降速度慢、幅度小。从中级一阶段到高级阶段，语义偏误减少了37例（中级一阶段为221例，高级阶段仍有184例），下降幅度为16.74%；而句法偏误则从中级一阶段的82例下降到42例，下降了48.78%。这说明只具有语义差异而无句法差异的近义词习得难度大于具有句法差异的近义词习得难度。

第三节　偏误在不同母语背景的分布

我们对各偏误类型在不同母语背景中的分布和变化情况进行了统计分析。为了考察偏误类型的分布情况是否具有跨语言共性，我们分别统计了中介语语料库中分布最广的四种母语背景的语料。结果如表8-3和图8-2所示。

表8-3　偏误类型在不同母语背景中的分布情况

	韩国		越南		印尼		日本	
	数量（例）	相对频率（%）	数量（例）	相对频率（%）	数量（例）	相对频率（%）	数量（例）	相对频率（%）
语义偏误	261	76.32	104	69.33	74	77.08	57	73.08
句法偏误	75	21.93	40	26.67	17	17.71	18	23.08
语用偏误	6	1.75	6	4.00	5	5.21	3	3.85
总计	342	100	150	100	96	100	78	100

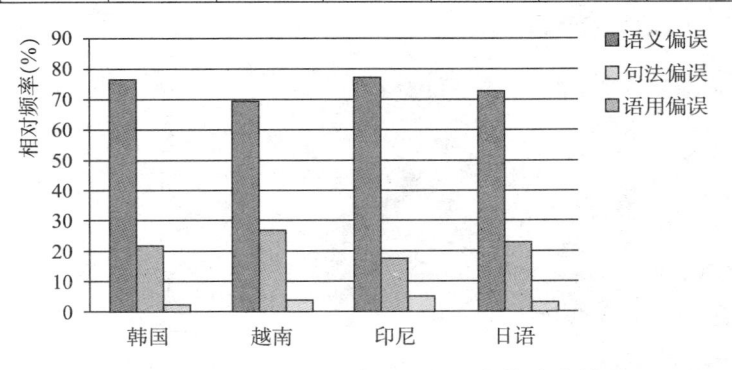

图8-2　偏误类型在不同母语背景中的分布情况

从表8-3和图8-2中发现，偏误类型的分布情况在四种母语背景中表现一致。无论是韩语、越南语、印尼语还是日语背景的学习者，最容易出现的偏误是语义偏误，这类偏误在四种语言背景语料中的比例均在70%上下；其次是句法偏误，这类偏误在四种语料中的比例约占17%—26%。语用偏误在各母语背景的语料中所占比例都非常低，均不超过5%。

由此可见，近义词偏误类型分布具有跨语言的共性。这进一步说明近义词各类差异的难度主要是由差异本身的认知难度决定的。由于语义差异往往是内隐的，没有显性的差异标志，学习者只能通过上下文语境来选定合适的词语，因此具有较高的认知难度，产生的偏误也较多。而句法差异往往具有外在的形式标志或明确的规则，认知难度较低，学习者常可借助这些句法上的不同特征来选用正确的词语，因此偏误也相对较少。至于在不同母语背景和不同水平级别中语用偏误比例均很低，则是因为具有语用差异的近义词本身数量不多所致。

思考题

1. 根据你的教学经验，近义词的哪种偏误比较多？哪种偏误持续时间比较长？
2. 根据你的教学经验，初、中、高三个阶段哪个阶段近义词偏误比较多？

第九章　语素因素对近义词学习影响的实证研究

> 具有共同语素的近义词是否比不具有共同语素的近义词更容易学习？
>
> 不同语言背景、不同语言水平的学习者在学习这两类近义词时是否有不同的特征？

第一节　问题的提出

汉语近义词根据语素的构成大致可分为两类：一类是含有共同语素的近义词（简称同素近义词），如"安静—宁静""相信—信任"等。另一类则是不含共同语素的近义词（简称异素近义词），如"美丽—漂亮""伤心—难过"等。一些研究者指出，通过语素来推测词义是汉语二语学习者理解新词的一个重要策略（徐晓羽，2004；吴门吉，2008）。这是否意味着同素近义词比异素近义词更容易学习？另外，已有一些研究表明，不同语言背景（具有汉字背景和不具有汉字背景）、不同语言水平学习者的语素意识也存在较大差异，这是否会导致学习者在学习同素近义词和异素近义词时表现出不同的特征？本章将通过实证研究的方法对以上问题进行探讨。

第二节 实验设计与方法

一 研究问题

问题1：同素近义词的学习难度是否小于异素近义词的学习难度？

问题2：日韩学习者和欧美学习者在学习同素近义词和异素近义词时是否存在差异？

问题3：初级和中级水平学习者在学习同素近义词和异素近义词时是否存在差异？

二 实验设计

采用三因素（2×2×2）混合实验设计，其中：词语类型是被试内因素，分为同素近义词和异素近义词两个水平；语言背景和汉语水平是被试间因素，其中语言背景分为有汉字背景的日韩组和无汉字背景的欧美组两个水平；汉语水平分为初级和中级两个水平。

三 被试

127名中山大学国际汉语学院初、中级水平汉语学习者参加了本次实验。其中10名被试参加了先导实验，117名参加了正式实验。在117名参加正式实验的被试中，初级水平被试57名（日韩组28人，欧美组29人），中级水平被试60人（日韩组30人，欧美组30人）。

四 实验材料

以《汉语水平词汇与汉字等级大纲》为基本依据，选取40对（共80个）双音节近义词作为备选词，其中20对近义词含有相同语素（如：辨别—区别；探讨—讨论），另外20对不含相同语素（如：称心—满意；意料—估计）。我们首先请3名任课老师和5名来自同一群体但不参加正式实验的学习者对这40对备选词进行判断，以确定哪些是学习者已认识的词，哪些是不认识的词。同时，为排除汉日同形词、汉韩同形词对词义理解的影响，我们还分别请3名汉日双语者和汉韩双语者将备选词中的汉日、汉韩同形词删去。在此基础上，最终确定20对近义词（同素近义和异素近义各10对）作为正式实验用词。每对近义词中的1个词是被试已经认识的词，另1个则是被试还不认识的词，即目标词。

实验材料的编制如下：用20个目标词生成20个句子。20个句子在句长、句中其他词语难度以及目标词上下文语境的强弱等因素进行了匹配。每个句子下面各设3个备选选项，其中1个选项为可以代替句中目标词的近义词，即正确选项；其余2个为干扰项。3个备选选项与句中目标词词性一致，其中有且只有1个选项与目标词含有相同语素（可能是正确选项，也可能是干扰项）。为保证学习者理解每个选项的意思，所有选项均为被试已学词语。

在正式实验前，我们在10名学习者中进行了一次小范围的先导实验（pilot study），并对部分学习者进行了访谈，先导实验和访谈结果证明各干扰项都具有干扰性。例如：

（1）只有小王<u>赞同</u>我对这个问题的看法。
　　　A.知道　　B.了解　　C.同意
（2）我们都没有<u>意料</u>到会发生这样的事情。
　　　A.估计　　B.注意　　C.认识

题（1）（2）中都分别有一个选项与目标词具有相同语素（赞同—同意；意料—注意）。不同的是题（1）中的"同意"即为正确选项，而题（2）中的"注意"为干扰项，正确选项应是与"意料"无共同语素的"估计"。

五　实验方法

采用随堂测试的方式。要求被试在没有教师指导的条件下，从每个句子下面的选项中选择可以替换句中画线部分词语的选项，使句子的意思基本保持不变。

第三节 实验结果与分析

对每位被试成绩进行统计。每题选择正确记为1分,选择错误记为0分,满分为20分。用SPSS15.0进行方差分析,结果如表9-1所示。

表9-1 同素近义词与异素近义词学习成绩 (单位:分)

	日韩组		欧美组	
	初级	中级	初级	中级
同素近义	6.39(1.34)	7.90(1.27)	4.62(1.57)	6.57(1.30)
异素近义	3.64(1.62)	4.60(1.40)	4.07(1.28)	5.13(1.38)
平均成绩	5.02(2.02)	6.25(2.13)	4.34(1.45)	5.85(1.52)

注:括号内为标准差(SD)。

一 词语类型、汉语水平和语言背景的主效应

(一)词语类型的主效应

词语类型主效应显著,$F(1, 113)=133.233$,$p < 0.001$,同素近义词的平均学习成绩(M=6.38,SD=1.79)显著高于异素近义词的平均学习成绩(M=4.38,SD=1.51),这说明近义词类型影响近义词学习效果。

(二)汉语水平的主效应

汉语水平主效应显著,$F(1, 113)=51.025$,$p < 0.001$,中级水平学习者近义词学习成绩(M=6.05,SD=1.85)显著高于初级水平学习者(M=4.68,SD=1.78),说明学习者的汉语水平影响近义词学习成绩。

(三)语言背景的主效应

语言背景的主效应显著,$F(1, 113)=7.841$,$p < 0.01$,日韩学习者近义词学习成绩(M=5.66,SD=2.16)与欧美学习者学习成绩(M=5.11,SD=1.66)差异显著。

二 词语类型与语言背景的交互效应

词语类型与语言背景之间交互效应显著，$F(1, 113)=34.099$，$p<0.001$，说明不同语言背景学习者在学习不同类型近义词时的表现有差异。

简单效应分析表明，无论日韩学习者还是欧美学习者，学习同素近义词时成绩均高于异素近义词，二者差异均达显著性水平，$F_{日韩}(1, 115)=147.66$，$p<0.001$，$F_{欧美}(1, 115)=16.31$，$p<0.001$。但在学习同素近义词时，日韩学习者的成绩高于欧美学习者，二者差异达到显著水平，$F(1, 115)=27.15$，$p<0.001$。在学习异素近义词时，日韩学习者的成绩低于欧美组学习者，二者差异达到边缘显著水平，$F(1, 115)=2.90$，$p=0.091$。

三 词语类型与汉语水平的交互效应

词语类型与汉语水平之间交互效应显著，$F(1, 113)=4.229$，$p<0.05$。以下通过简单效应检验分别考察在不同语言水平条件下词语类型的影响。

在初级水平条件下，同素近义词的学习成绩要显著好于异素近义词，$F(1, 115)=33.48$，$p<0.001$。在中级水平条件下，同素近义词的学习成绩也要显著好于异素近义词，$F(1, 115)=74.15$，$p<0.001$。但从F值来看，中级水平的显著水平要比初级水平高，这说明到了中级阶段，语素的作用力比初级阶段有所增强。

图9-1直观反映了不同汉语水平、不同语言背景学习者学习近义词的情况。如图9-1所示，在初级水平阶段，日韩学习者在两种近义词的学习表现上显示出显著差异，同素近义词学习成绩显著好于异素近义词学习成绩，而欧美学习者在两类近义词的学习表现上差异较小。但到了中级阶段，欧美学习者学习两种近义词的差异明显增大，这说明从初级到中级阶段，欧美学习者语素意识经历了快速发展的过程。

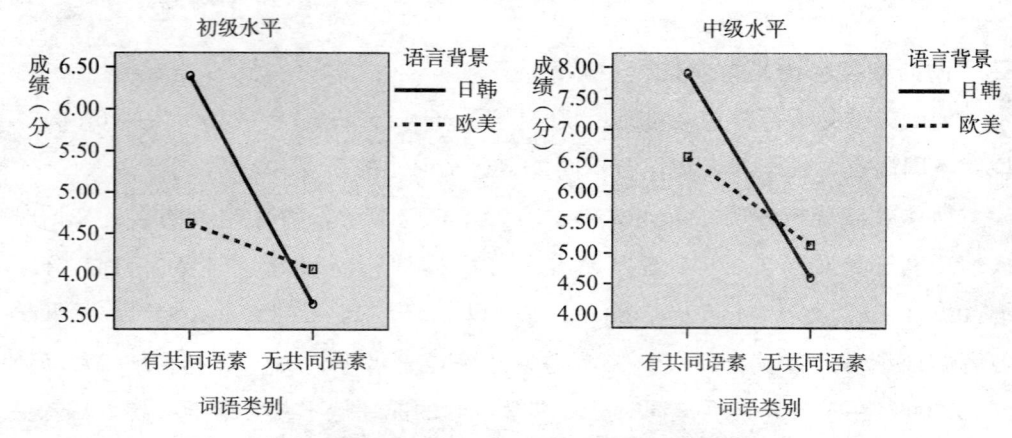

图9-1 语言水平、语言背景及词语类型对近义词学习的影响

四 汉语水平与语言背景的交互效应

汉语水平与语言背景之间交互效应不显著,$F(1, 113) = 0.508$,$p = 0.478$,说明不同语言背景学习者随着汉语水平的提高,近义词学习成绩也随之提高,并且日韩学习者和欧美学习者提高的幅度没有显著差异。

我们还发现,词语类型、汉语水平与语言背景三者的交互效应也不显著,$F(1, 113) = 0.227$,$p = 0.635$。

第四节 讨论

一 共同语素对近义词学习的影响

实验结果表明,同素近义词学习成绩显著高于异素近义词的学习成绩。这从某种意义上证明共同语素对近义词学习具有积极意义。同素近义词之所以易学,与二语学习者对语义加工可能采取的是"自下而上"的方式有关。不少研究表明,在学习新词时,学习者首先是对语素的"形"产生刺激,接着激活语素的语义,最后通达词义(桂诗春,2000;张金桥、吴晓明,2005;熊锟,

2007）。这种"自下而上"的加工方式以一定的词汇量作为基础。当学习者积累了一定量的词汇后就能够对词汇中的语素进行分析与总结，并将某些词汇分解成语素进行存储。一旦拥有了语素意识，学习者就不仅能够识别旧词，还能在认知新词时降低认知的难度。在学习同素近义词时，共同语素帮助学习者在新词和旧词之间建立起联系，并激活大脑中原有的关于该语素的知识，因此更容易通达词义。

从学习负担（learning burden）的角度来看，共同语素降低了近义词学习的负担。Nation（2001）提出的"学习负担假说"认为：学习者对某个词语的形式和相关知识了解得越多，学习该词所需承受的负担就越轻。这些知识既可能来自第一语言，也可能来自第二语言或者其他语言。学习同素近义词时，共同语素首先降低了学习者在生词词形辨认上的负担，同时，学习者还可以利用已掌握的该语素的知识对生词的整体词义进行猜测。有了这两方面的优势，学习同素近义词的负担将大大减轻。

但同时，实验中我们也发现共同语素对近义词学习带来了干扰。张金桥、吴晓明（2005）认为，初学汉语的留学生可能主要是以汉语词汇的词形作为理解的认知策略，他们认为两个汉语词的词形若相似，其意义也大体相同。本章的实验结果支持这一假设。并且，我们发现，即使到了中级阶段，共同语素的干扰作用依然较大。我们对被试误选选项的分布情况进行了统计，结果显示，初级水平学习者约72%的误选均来自共同语素的干扰，到了中级阶段，这一比例仍高达64%。因此我们认为，即便到了中级水平阶段，共同语素的干扰作用仍不可忽视，教学中应特别提醒学习者具有共同语素的词语在词义上并不一定具有近义关系。

二　不同语言背景、语言水平学习者语素意识的差异

徐晓羽（2004）通过真假词判断任务考察留学生汉语语素意识的发展，结果发现初级阶段留学生就已经开始具有语素意识，并且随着汉语水平的提高，语素意识逐步增强。吴门吉（2008）通过问卷调查的形式考察日韩欧美学生对语素策略的运用，也得出了类似的结论。

本实验进一步支持上述结论，并且我们发现不同语言背景的学习者语素意识的发展过程呈现不同的特点。具体来说，日韩学习者语素意识的发展要明显早于欧美学习者。在初级阶段，日韩学习者就显示出较强的语素意识，这个阶段日韩学习者学习同素近义词的成绩已显著高于异素近义词。而此时欧美学习者的语素意识才刚刚起步，这个时期欧美学习者学习同素近义词的成绩只略高于异素近义词，二者差异并不大。到了中级阶段，日韩学习者的语素意识继续保持了较高的水平，而欧美学习者则经历了一个快速增长的过程，同素近义词的学习成绩有了大幅度的提高。

学习者语素意识发展的不同步性与其母语背景紧密相关。日韩学习者所具有的汉字背景使他们在语素策略的运用上具有天然的优势。日语、韩语中存在大量汉源词，这使日韩学习者大脑中具备了一定的汉语语素意识，所以在汉语学习的初始阶段就能够运用语素策略学习新词。但对于缺乏汉字背景的欧美组学习者来说，汉语语素意识需要经历从无到有的过程，只有经过一段较长时间的学习和训练后，这种语素意识才逐渐形成。尽管到了中级阶段，日韩学习者和欧美学习者都能通过语素策略进行近义词学习，但从整体而言，日韩学习者对共同语素的依赖程度仍要高于欧美学习者。

我们不妨看看日韩学习者和欧美学习者回答两类近义词题目的情况。对于同素近义词，日韩组答题正确率更高。如在"只有小王赞同我对这个问题的看法。"这道题中，日韩组答案集中趋势明显，77%的被试选择了正确选项"同意"，而在欧美组中，只有47%的被试选择该选项。从总体正确率来看，日韩组在同素近义词题中的平均正确率为71.7%，而欧美组为56.1%，比日韩组低15.6%。另一方面，对于异素近义词，日韩学习者答题正确率反而不如欧美学习者。如在"我们都没有意料到会发生这样的事情。"这道题中，57%的日韩被试选择了错误选项"注意"，而只有37%的欧美被试选择该选项。从总体正确率来看，日韩组的平均正确率为41.4%，而欧美组为46.1%，比日韩组高4.7%。由此可见，共同语素对日韩学习者词义判断的影响力更大，作用更显著。当学习同素近义词时，语素策略能够更好地帮助日韩学习者学习新词，但当遇到同素非近义词时，这种语素策略造成的干扰也可能比欧美学习者强。

三 学习者汉语心理词典中近义关系网络的构建过程

大量心理语言学研究表明，人类大脑中存在着高度组织化的心理词典（Mental Lexicon），语言的有关词项或词条的知识存储在心理词典当中（Terisman，1960；Aitchison，1987；桂诗春，2000；董燕萍，2005），并且这个组织良好的心理词典是按照意义组成的网络。Collins和Loftus（1975）提出的激活扩散模型（Spreading Activation Model）构建了心理词典的组织模型。该模型认为心理词库的组织像是一个相互连接着的网，网中的节点代表词的概念。概念之间的关系通过连接节点来表现。节点之间的距离代表概念之间连接的紧密程度，如red和pink的连接要比red和dance的连接紧密。

根据激活扩散模型理论，在母语者的心理词典中，具有近义关系的词语，无论是否具有共同语素；它们在心理词典节点间的连接都应该较为紧密；而非近义关系的词语，即便含有共同语素，心理词典节点间的连接也不会太紧密。但从我们的实验结果看，我们推断汉语二语学习者心理词典的组织方式可能与汉语母语者有所差别。二语学习者在构建汉语心理词典过程中更依赖语素的作用，他们更倾向于通过共同语素来组织建立近义关系。我们认为，这种组织策略与汉语近义词的特点有关。汉语中同素近义词占有较大比例，因此在很多情况下，学习者通过某个语素组织起来的近义关系是成立的。在学习过程中，这种组织策略可能会被泛化，当遇到具有共同语素但并无近义关系的词语时，学习者也很可能在心理词典中将它们作为近义词组织起来。因此我们认为，学习者在构建汉语二语心理词典过程中很可能经历了一个以语素作为核心的组织阶段。但随着词汇量的扩大和词汇知识的增加，学习者会不断修正以语素为核心建立起的某些语义关系，最终构建起以词义为组织核心的近义关系网络（张金桥、吴晓明，2005）。图9-2以"意料"为例，说明学习者汉语心理词典中近义关系网络的构建和发展过程。

如图9-2所示，在初始阶段，与"意料"具有共同语素的"预料""注意"在学习者心理词典中的联系都比较紧密，而"估计"与"意料"虽然也有近义关系，但因不含共同语素，二者在心理词典中的连接还未达到应有的紧密程度。随着汉语水平的提高,情况出现了变化,"意料"与"估计"的连接明显加强,而与"注意"的连接逐渐减弱。

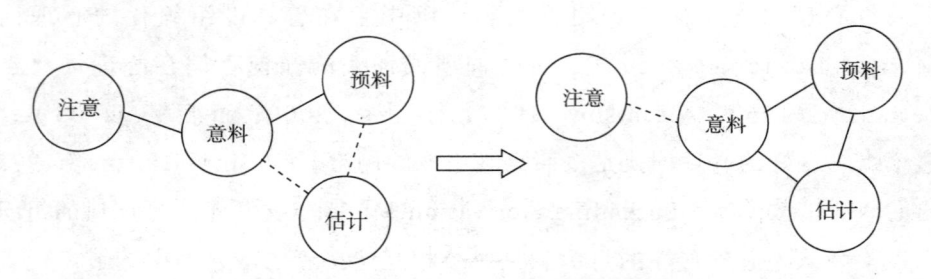

图9-2 汉语二语学习者汉语心理词典中近义关系网络的构建与发展

第五节 结论与启示

本章通过实验证明语素因素对汉语二语学习者的近义词学习具有重要影响。学习者在汉语二语心理词典构建过程中试图通过共同语素来组织建立近义关系,这种构建策略对近义词学习具有双重效应。

从积极方面而言,在共同语素的帮助下,同素近义词学习难度小于异素近义词,因此,在词汇教学中对两种类型的近义词应区别用力。若一个新词与已学的某个近义词具有相同的语素,则可充分利用共同语素引导学习者建立起新旧词语之间的近义联系,帮助学习者迅速记住新词;若新旧近义词之间并不具有相同语素,则应着重从语义入手,通过释义法、语境法、替换法等多种手段引导学习者学习。从消极方面而言,共同语素也会产生干扰作用,容易造成词义误解。但这种干扰作用对不同语言背景的学习者影响力并不相同,日韩学习者受到的干扰要强于欧美学习者。因此,在教学当中,特别是针对日韩学习者的教学中,应当特别重视对那些词性相同且具有共同语素的词语进行分析比较,以引起学习者的注意,避免混淆。

思考题

1. 根据你的教学实践,同语素近义词和不同语素近义词,哪种习得难度比较高?

2. 汉语中同语素的词很多,但不一定是近义词,根据你的教学实际,二语学习者把同语素词当成近义词的现象多吗?请举例说明。

第十章　不同类型近义词习得难度的实证研究

> 不同类型的汉语近义词的习得难度有无差别？
> 哪种类型的近义词习得难度最高？哪种难度较低？
> 不同语言水平学习者习得近义词的难度是否相同？

第一节　问题的提出

近义词是汉语学习者词汇习得过程中的难点，值得重视。目前关于汉语作为二语的近义词习得研究较为薄弱，大部分研究只是停留在对偏误的统计和分析上，缺少对各类近义词习得难度的考察。

汉语近义词数量庞大，各有特征。如有的意义和用法均相同，可以互换；有的意义相近，但用法不同，不能互换；有的意义相近，用法有同有异，有时可以互换有时不能互换。根据这些特征，可以将近义词分为不同的类型。我们认为，不同类型的近义词在习得难度上可能存在差异，如果能确定不同类型近义词习得难度，则有助于教师合理安排教学重点，提高二语学习者近义词习得质量。

本章拟通过实证研究的方法，对不同类型近义词的习得情况进行考察，比较它们之间的习得难度，为制定合理的近义词教学策略提供参考。

第二节 本研究对近义词的分类

传统的同义词（近义词）分类主要以语义为标准，将同义词（近义词）分为等义词（完全同义词）和近义词（不完全同义词），如胡裕树（1995）、黄伯荣、廖序东（1997）等。然而，这种分类并不能满足汉语作为第二语言教学的需要。在学习和使用近义词时，第二语言学习者既需要了解一组近义词在意义上有哪些相同，有哪些不同；也需要了解一组近义词能否互换、什么条件下可以互换、什么情况下不能互换等。也就是说，在教学中，不仅需要关注意义，更需要关注用法。因此，这里从汉语作为二语教学的角度出发，依据意义（理性意义相同、相近）和用法（能否互换）两个标准将近义词分为四类：（1）意义相同，用法相同。如"西红柿—番茄""出租车—的士""斧头—斧子"等。（2）意义相近，用法不同。如"发达—发展""抱歉—道歉""感动—感激"等。（3）意义相同，用法有同有异。如"妈妈—母亲""相互—互相""差别—差异"等。（4）意义相近，用法有同有异。如"安静—宁静""按时—按期""容易—简单"等。

在以上四类近义词中，由于第一类近义词意义和用法均相同，可以较随意地互换，不存在误用的问题，这里不做考察。后三类近义词意义相同或相近，有的可以相互替换，有的不能互换，学习者容易产生偏误，因此这里将对后三类近义词的习得难度进行考察。

第三节 实验设计与方法

一 研究问题

问题1：不同类型的近义词习得难度是否具有差异？

问题2：语言水平对不同类型近义词的习得难度产生怎样的影响？

二 实验设计

采用3×2的混合设计。近义词类型为被试内因素，分为三个水平。类型一：意义相近，用法不同（简称义近用法不同）；类型二：意义相同，用法有同有异（简称义同用法有同有异）；类型三：意义相近，用法有同有异（简称义近用法有同有异）。汉语水平为被试间因素，分为中级、高级两个水平。

三 被试

32名来自中山大学国际汉语学院的中高级水平汉语学习者参加了本次实验。由于其中4名被试未完成实验的所有步骤，因此仅28名被试的数据进入实验统计分析，其中中级、高级水平被试各14名。

四 实验材料

我们从《汉语水平词汇与汉字等级大纲》初中级词汇中选取了30组近义词作为目标词，每类近义词各10组。

（1）意义相近，用法不同。这类近义词不能互相替换：

及时—准时　　结束—停止　　摆脱—脱离　　耐烦—耐心

表示—显示　　安慰—慰问　　发达—发展　　色彩—彩色

平均—均匀　　道歉—抱歉

（2）意义相同，用法有同有异。这类近义词有时可以互相替换，有时不能：

女子—女人　　故乡—家乡　　节约—节省　　缺少—缺乏

来往—往来　　天天—每天　　互相—相互　　大概—大约

处处—到处　　此外—另外

（3）意义相近，用法有同有异。这类近义词有时可以互相替换，有时不能：

安全—平安	后来—以后	简单—容易	拜访—看望
成功—胜利	回答—答复	懂得—明白	相信—信任
本来—原来	漂亮—美丽		

这30组近义词均为被试在课本中学习过的词语,被试均认识这些词。此外,我们还从初中级词汇中另外选取了26组近义词作为实验的填充材料,以避免被试将所有注意力集中在30组目标词上,提高实验的效度。

五 实验程序

由于实验材料较多,考虑到被试的记忆负担及实际教学的可操作性,本实验分为五次进行,每次实验间隔时间为一周。每次实验主试向被试讲解和辨析10—12组近义词,但其中只有若干组为目标词,其余为填充材料。每次实验后的一周主试对上一次实验所讲解的近义词进行测试。测试采用不定项选择题的方式。每组近义词均有3—4道不定项选择题。例如"安慰—慰问"这对近义词,设置了以下4个选择题。

A.安慰   B.慰问

(1) 家里人怕她难过,常常_____她。

(2) 发生事故后,市长立即赶到灾区_____灾民。

(3) 看到两位老人的笑容,她得到了一些_____。

(4) 昨天我收到单位送来的一些_____品。

要求被试在规定时间内完成所有测试题。每次测试完成后主试收回测试题,并开始讲解新的近义词。五次实验共辨析近义词56组,其中30组为实验的目标词,其余26组填充材料不计入成绩。

六 评分标准

每题选择完全正确记1分,选择部分正确(即遗漏其他正确选项)记0.5分,错选、多选或没有作答均记0分。

第四节 实验结果与分析

对五次测试的成绩进行合并统计,分别计算不同组别学习者三类近义词答题的平均正确率,结果如表10-1和图10-1所示。

表10-1 三类近义词的平均正确率　　　　　　　　　（单位:%）

	中级	高级	平均值
类型一:义近不可互换	77.53(5.83)	89.72(5.17)	83.62(8.23)
类型二:义同有时可互换	63.88(6.47)	76.84(7.81)	70.36(9.65)
类型三:义近有时可互换	69.54(5.69)	78.57(6.20)	74.05(7.44)
平均值	70.31(8.15)	81.71(8.57)	76.01(10.09)

注:括号内为标准差(SD)。

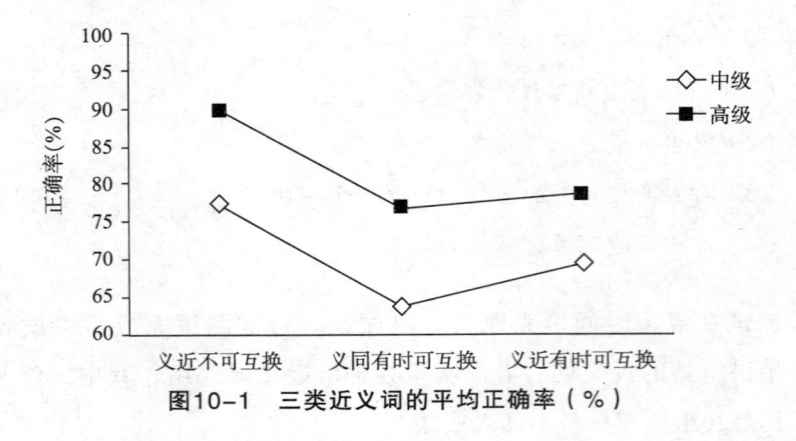

图10-1 三类近义词的平均正确率(%)

用SPSS 15.0进行重复测量方差分析(Repeated Measure),结果如下:

一 类型效应及三种类型近义词的习得难度

近义词类型的主效应显著,$F(2, 52)=30.834$,$p < 0.001$,说明学习

者在三类近义词答题的正确率上具有显著差异。采用LSD方法进行多重比较，结果表明，类型一的平均正确率（83.62%）显著高于类型二的正确率（70.36%），$p<0.001$，也显著高于类型三的正确率（74.05%），对类型二和类型三的比较也显示，类型三的正确率（74.05%）高于类型二的正确率（70.36%），并且二者在统计学上达到边缘显著水平，$p=0.058$。

在二语习得研究中，正确率是确定习得难度最主要的指标。正确率与习得难度成反比：正确率越高，说明习得难度越低；正确率越低，则说明习得难度越高。以上三类近义词正确率的差异表明，类型一的习得难度最小，类型三的习得难度次之，类型二的习得难度最大。三种类型近义词正确率和难度的排序如下：

正确率（由高到低）：类型一 ＞ 类型三 ＞ 类型二

习得难度（由低到高）：类型一 ＜ 类型三 ＜ 类型二

二　汉语水平效应及不同阶段近义词的习得难度

汉语水平主效应显著，$F(1, 26)=84.904$，$p<0.001$，高级学习者答题的正确率（81.71%）显著高于中级学习者答题的正确率（70.31%），说明语言水平影响近义词习得的正确率和习得难度，随着语言水平的提高，近义词习得的正确率逐渐提高，难度逐渐下降。

我们进一步对不同语言水平条件下三种类型近义词的答题正确率进行分析。结果显示：在中级水平条件下，类型一与类型二、类型三的正确率差异均显著，$p<0.001$；类型二与类型三的正确率差异也显著，$p=0.042$。而在高级水平条件下，类型一与类型二、类型三的正确率差异显著，$p<0.001$；但类型二和类型三的差异并不显著，$p=0.517$。这说明在中级水平阶段，三类近义词的难度差异具有明显的梯度，类型一的难度最低，类型三次之，类型二难度最大。而到了高级水平阶段，类型一的习得难度依然最低，但类型二和类型三的习得难度已无显著差异。三类近义词在不同学习阶段的习得难度排序如下：

中级习得难度（由低到高）：类型一 ＜类型三 ＜类型二

高级习得难度（由低到高）：类型一 ＜类型三、类型二

第五节　讨论

一　不同类型近义词的习得难度分析

由以上统计结果可以看出，整体而言，类型一（义近不能互换）习得难度最小，其答题平均正确率达到83.62%，到了高级水平阶段正确率已接近90%（89.72%），说明经过讲练后，学习者能够比较好地分辨这类近义词的差异。相比而言，类型二（义同有时能互换）和类型三（义近有时能互换）则具有较高的学习难度，即使在课堂上进行了专门的讲练，学习者的答题平均正确率也仅为70.36%和74.05%。特别是在中级水平阶段，类型二和类型三的正确率均低于70%，这说明这两类近义词是学习者的难点。

（一）类型一的难度分析

类型一（义近不能互换）的学习难度之所以相对较小，主要在于这类近义词具有不可替换性。具体来说有两种情况：一种情况是互换后句子虽成立但意思改变。如"停止—结束"，都表示不再进行，都能充当谓语，但二者意思有较大差别。如果互换，表达的意思则会改变，因此不能随意互换。

（1）比赛结束了。（比赛已经全部进行完，不再进行）

（2）比赛停止了。（比赛只是暂时停下来，还要继续进行）

另一种情况是互换后句子不成立。如"耐烦—耐心"，"耐心"可以充当主语、宾语，"耐烦"没有这种用法，因此不能互换。

（3）耐心是一种良好的品质。（耐烦×）

（4）做护士要特别有<u>耐心</u>。（耐烦×）

由于类型一具有不可替换的特点，因此在学习者所接触的语言输入中不会遇到在同一语境中两个词语皆可使用且意思基本不变的情况。根据Krashen（1985）的输入假设理论（the input hypothesis），语言习得的关键在于有足够的"可理解输入"（comprehensible input），学习者通过对输入进行分析、判断、假设、比较和验证，最后才获得相关的语言知识。由于这类近义词的使用语境不同，学习者是在不同的语境中对各自的使用条件限制进行分析判断，因此减少了将二者等同起来的可能性。当学习者接触的语言输入足够大时，学习者就能内化这类近义词不同的使用环境，从而分清它们之间的差异。

（二）类型二和类型三的难度分析

类型二和类型三的近义词的替换情况比较复杂，有的情况下可以互换，有的情况下不能互换，这大大增加了学习者分辨的难度。例如类型二的"故乡—家乡"，意义相同，都可以充当定语，常可互换；但搭配习惯上又有不同，有时不能互换。

（5）美丽的<u>故乡</u> / 遥远的<u>故乡</u> / <u>故乡</u>的记忆（家乡√）

（6）第二<u>故乡</u>（家乡×）

（7）<u>家乡</u>菜 / <u>家乡</u>话 / <u>家乡</u>口音（故乡×）

再如类型三的"安全—平安"，意义相近，都表示人在某段时间或某段路途中顺利，没有危险，有时能互换，但意思有一些差别："安全"强调没有危险，"平安"强调顺利，没有意外事故；有时不能互换："安全"可以形容环境等，"平安"不能；"平安"常用在表示祝福的句子中，"安全"不能。

（8）孩子们<u>平安</u>地度过了暑假。/ 他们<u>平安</u>到达了广州。（安全√）。

（9）这里很<u>安全</u>。（平安×）

（10）祝你一路<u>平安</u>。（安全×）

由于替换条件复杂，有的涉及语义，有的涉及用法，有的兼及二者，因此类型二和类型三的近义词对于学习者而言难度较大。学习者必须经过较长时间的学习，才可能从大量的语言输入中习得相关的使用规则和条件。特别是类型二，由于意义基本相同，因此语义线索难以发挥作用，学习者只能依靠语义以外的其他线索（如句法、语用等）进行分析，因此难度比类型三更大。

二 汉语水平对不同类型近义词习得难度的影响

教学实验结果还表明，汉语水平影响近义词学习难度。整体而言，三类近义词的学习难度随语言水平的提高而逐渐下降。但值得注意的是，在不同语言水平阶段，三类近义词的难度差异并不完全一致。在中级阶段，类型一的难度最低，类型三次之，类型二难度最大；而到了高级水平阶段，类型一的习得难度依然最低，而类型二和类型三的习得难度已基本相当。

如前文所述，由于类型二的近义词在理性意义上基本相同，分辨其差异只能依靠语义以外的线索。例如"缺少—缺乏"，二者理性意义相同，都表示需要的或应该有的没有或者不够，学习者想要区分二者需要依靠语义以外的线索。

首先，"缺少"既可以用于表示统指的具体事物，也能用于可以计算数量的人或具体事物，因此宾语前可以有表示个体的数量词；而"缺乏"只能用于表示统指的具体事物，宾语前不能有表示个体的数量词。

（11）教室里还缺少一块黑板。（缺乏×）

（12）这个足球队目前还缺少一个守门员。（缺乏×）

（13）由于缺少资金，这个项目不能不停止。（缺乏√）

其次，"缺少"一般不受"很""非常""十分"等程度副词的修饰，而"缺乏"则可以受这些程度副词修饰。但"缺少"可以组成"不可缺少"的习惯说法，而"缺乏"则不能。

（14）目前有关这方面的研究还很缺乏。（缺少×）

（15）有些地区的水资源十分缺乏。（缺少×）

（16）刻苦勤奋是取得成功不可缺少的条件。（缺乏×）

相比而言，类型三可供分辨差异的线索更为丰富，不仅有用法上的，也有语义上的。例如"以后—后来"，在用法上，"以后"可以直接用在别的词语后边组成表示时间的短语，而"后来"不能。

（17）医生说，三天<u>以后</u>他就可以出院了。（后来×）
（18）下课<u>以后</u>，请你到办公室来找我。（后来×）
（19）吃完饭<u>以后</u>不能立刻做运动。（后来×）

在语义上，"以后"可以指比过去或者将来某个时间晚的时间，而"后来"只能指在过去某一时间之后的时间。因此，在遇到类似"明年毕业＿＿＿，我想回国工作"这样的语境时，学习者既可以根据用法上的线索（能否与别的词语一同构成表示时间的短语）加以区分，也可以根据语义上的线索（能否表示晚于将来的某个时间）进行选择判断。

对于语言水平还相对较低的中级学习者而言，他们可能需要依靠语义和用法等多重线索才能分辨出近义词的差异，由于类型二的线索明显少于类型三，因此中级学习者习得类型二的难度要高于类型三。但到了高级阶段，随着学习者对近义词差异敏感度的提高，即使是对于意义差异线索不足的近义词，学习者也能够通过其他方面的线索来分辨。因此，到了高级阶段，类型二和类型三的难度无明显差异。

第六节 结论与启示

本实验证实不同类型的近义词具有不同的习得难度，而同一类型的近义词在不同语言水平阶段的习得难度也不相同。因此，在教学当中，应根据近义词类型以及学习者的语言水平制定合理的教学策略。

首先，对于类型一（义近不能互换）的近义词，由于习得难度相对较小，学习者较容易掌握，教师进行课堂讲练时可以适当加快节奏。而对于类型二（义同有时能互换）和类型三（义近有时能互换）的近义词，则应花较多的时间进行讲练。此外，不同学习阶段讲练的重点也应有所不同。在中级阶段，类型二的学习难度比类型三更大，因此在此阶段类型二讲练的时间和力度也应适度加大；而到了高级阶段，类型二和类型三在学习难度上差异不大，因此在这两类近义词的讲练力度上可以相对平均。

其次，对近义词的讲练不能仅局限于教师总结使用的规则，更重要的是通过大量语言输入使学习者在语境中习得近义词的用法。王初明（2010，2011）认为，在正确语境的伴随下学习语言并加大输入量，才能够有效提高语言学习的效率。而对于近义词而言，其差异往往体现在具体的用法上，因此，我们认为，让学习者大量接触近义词不同的使用语境对于近义词辨析教学尤为重要。

最后，应当认识到近义词的习得不可能一蹴而就，通过一次的讲练很难使学习者完全掌握所有的差异。在教学中应不断地对以往讲练过的近义词进行复习和巩固。对于一些差异十分复杂的近义词，也可以考虑分阶段教学，先讲练主要的、较容易掌握的差异点，待学习者掌握后讲练次要的、较难掌握的差异点。

思考题

1. 根据你的教学实践，本章三种类型近义词的习得难度如何？
2. 在实践教学当中，如何对不同类型的近义词进行更高效的教学处理？

第十一章 近义词语义差异与句法差异习得难度的实证研究

> 近义词语义方面的差异是否比句法方面的差异更难习得?
> 学习者是否优先习得句法上的差异,而后再习得语义上的差异?

第一节 问题的提出

每种语言词汇系统中都存在大量近义词,且近义词之间在语义、句法和语用范畴等多方面存在细微差异,不少学者如 Edmonds & Hirst(2002),孟祥英(1997),赵新、李英(2001),杨寄洲(2004),敖桂华(2008)对各类差异进行了详细的讨论。这些细微差异使近义词成为了二语学习者词汇学习的难点。在以往的研究中,研究者发现学习者出现最多的偏误主要集中在语义和句法方面,如混淆语义侧重点、语义适用对象、语法特征、组合分布的偏误等,语用的偏误则相对较少(赵新,2009)。

虽然学者们已对汉语学习者在近义词习得过程中出现的各类偏误做了详细分析,但对于各种差异的习得难度及习得过程并未进行深入考察。例如,一般而言,语义范畴的差异相对内隐,而句法范畴的差异则相对外显。那么,这是否意味着近义词语义方面的差异比句法方面的差异更难习得?学习者是否优先习得句法上的差异,而后再习得语义上的差异?从我们掌握的文献资料来看,目前并未有相关报告。因此,本章拟采用实验研究的方法,考察汉语学习者对这两类差异的习得情况。我们首先通过句子接受度调查考察学习者对两类差异的敏感度,然后通过选词填空测试考察学习者对二者的运用情况。

第二节 实验一

一 实验设计与方法

(一)研究问题

问题1:汉语二语学习者对近义词语义差异和句法差异的敏感度是否相同?

问题2:不同汉语水平的学习者对两类差异的感知有何差异?

(二)实验设计

采用两因素(2×3)混合实验设计,其中差异类型(语义差异、句法差异)为被试内因素;汉语水平(初级、中级、高级)为被试间因素。

(三)被试

49名中山大学国际汉语学院初级、中级和高级水平汉语学习者参加了本次实验。其中初级16名,中级17名,高级16名。为避免各组被试母语分布情况不均对实验结果的影响,我们对3组被试的母语背景进行了匹配,其中初级、高级组的日韩被试和欧美被试各8名,中级组日韩被试9名,欧美被试8名。

(四)实验材料

从《汉语水平词汇与汉字等级大纲》甲乙级词中选取了28对常见双音节近义动词、名词和形容词。其中14对用于考察被试对语义差异的敏感度,另14对则用于考察对句法差异的敏感度。28对近义词相应生成28对句子,每对句子中除了目标词语外,其余部分完全相同,但一个句子为正确句,另一个为错误句。如例(1)和例(2)所示。

(1)a.他每天早上8点上学,非常准时。

b.*他每天早上8点上学,非常及时。

（2）a. 我不想<u>改变</u>自己原来的想法。
　　　b. *我不想<u>变化</u>自己原来的想法。

例（1）、例（2）分别考察语义差异和句法差异敏感度。在例（1）的a句和b句中，无论用"及时"还是"准时"，从句法上看都没有错误；但从语义上看，a句是一个正确句，b句则是错误句。相反，例（2）中a句的"改变"和b句的"变化"语义基本相同，但在句法功能上有明显差异。二者虽然都是动词，但"改变"可以带名词性宾语，"变化"则不行。

按照以上方式生成28对共计56个句子，我们将这些句子的呈现顺序做了重新排列，保证每对句子中a、b两句间隔距离相等且尽可能最大。同时，为了避免反应策略的出现，我们对正确句和错误句的呈现顺序也进行了重新排列，如第1对句子中先呈现正确句，后呈现错误句，则第2对句子先呈现错误句，再呈现正确句。最后，将8个无关的句子随机插入56个句子中，以进一步消除反应策略。

（五）实验方法

要求被试在无教师指导的条件下判断句中画线词语使用是否恰当，并在刻度线上选择相应的数字。如下所示：

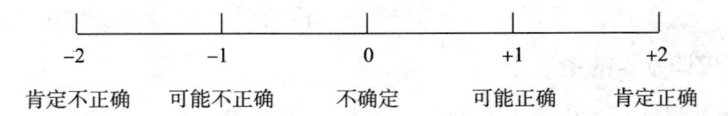

```
  -2        -1        0        +1        +2
肯定不正确  可能不正确  不确定   可能正确   肯定正确
```

（六）评分方法

用每对句子中正确句的判断分值减去错误句的判断分值，所得的差值视为学习者对该对近义词差异的敏感度得分。得分越高，说明被试对该对近义词的差异越敏感。

在正式实验前，我们首先对20名汉语母语者进行了调查。结果显示，对于汉语母语者，近义词语义差异敏感度得分和句法差异敏感度得分无显著差异，$p>0.05$。

二 实验结果与分析

分别统计每个汉语水平组被试对语义差异和句法差异敏感度的得分,并求出两类差异敏感度各自的平均值。结果如表11-1所示。

表11-1 语义差异和句法差异敏感度 （单位：分）

	初级	中级	高级	平均值
语义差异	17.31（3.68）	23.41（7.66）	35.25（6.62）	25.29（9.64）
句法差异	22.19（6.91）	26.59（8.60）	37.06（7.10）	28.65（9.61）
平均值	19.75（5.98）	25.12（8.06）	35.82（7.31）	—

注：括号内为标准差（SD）。

用SPSS15.0进行重复测量方差分析,结果如下：

（一）差异类别的主效应

差异类别的主效应显著,$F(1, 46)=12.072$,$p<0.01$,句法差异敏感度得分（M=28.65, SD=9.61）显著高于语义差异敏感度得分（M=25.29, SD=9.64）,这说明学习者对近义词句法差异的识别比对语义差异的识别敏感。

（二）汉语水平的主效应

汉语水平主效应显著,$F(2, 46)=31.060$,$p<0.001$,说明汉语水平对学习者的近义词差异识别具有显著影响。对汉语水平使用LSD方法进行多重比较,结果表明,高级水平学习者对差异的识别敏感度得分（M=35.82, SD=7.31）显著高于中级水平学习者（M=25.12, SD=8.06）,$p<0.001$；也显著高于初级水平学习者（M=19.75, SD=5.98）,$p<0.001$。初级水平与中级水平学习者比较也发现,中级水平学习者对差异的识别敏感度显著高于初级水平学习者,$p<0.05$。可见,汉语水平越高,学习者对近义词的差异也越敏感。

（三）差异类别与汉语水平的交互效应

差异类别与汉语水平之间交互效应不显著,$F(2, 46)=0.817$,$p=0.448$。这表明无论是哪个水平的学习者，句法差异的识别敏感度均高于语义差异的识别敏感度。

第三节 实验二

实验一通过句子接受度调查考察了汉语二语学习者对近义词语义差异和句法差异的敏感度，发现学习者对近义词的句法差异比语义差异更敏感。实验二中，我们将通过选择填空测试，进一步考察学习者对两种差异的实际掌握情况。

一 实验设计与方法

（一）研究问题

问题1：近义词的语义差异和句法差异的习得难度是否相同？

问题2：不同汉语水平的学习者在两类差异的习得特征上有何差异？

（二）实验设计

采用两因素（2×3）混合实验设计，其中差异类型（语义差异、句法差异）为被试内因素，汉语水平（初级、中级、高级）为被试间因素。

（三）被试

71名中山大学国际汉语学院初级、中级和高级水平汉语学习者参加了本次实验。其中初级23名，中级24名，高级24名。为消除被试母语分布情况可能对实验结果造成的影响，我们对各组被试的母语背景进行了匹配。其中初级组的日韩被试12名，欧美被试11名；中级、高级组的日韩、欧美被试各12名。

（四）实验材料

从《汉语水平词汇与汉字等级大纲》甲乙级词中选取10对具有两类差异的近义词作为考察对象。每对近义词设计4道选词填空题，其中两题考察语义差异，两题考察句法差异。

（1）A.帮忙　B.帮助　C.A、B都对

  a.小李经常_____别人，所以有很多朋友。

  b.听说阿里星期天要搬家，你去_____吗？

  c.我来中国以后，他给了我很多_____。

  d.我这两天有很多事情要办，你过来_____吧。

例（1）的b句和d句均无明显的句法差异线索，学习者必须通过语义来分辨"帮忙"和"帮助"的区别；而在a句和c句中则存在明显的句法差异线索，"帮忙"不可带宾语，而"帮助"可以；另外，"帮忙"只能做动词，而"帮助"还可以做名词，受"很多"修饰。

测试卷总计40题，其中考察语义差异和句法差异的题目各20题。

（五）实验方法

采用随堂测验的方式进行。要求被试在无教师指导的条件下从3个选项中选择最合适的一项填入句中。

二　实验结果与分析

每题选择正确记1分，选择错误记0分，语义差异类题目和句法差异类题目满分各20分。实验结果列于表11-2。

表11-2　选词填空测试成绩　　　　　　（单位：分）

	初级	中级	高级	平均值
语义差异	9.70（1.96）	14.58（2.19）	16.79（1.74）	13.75（3.55）
句法差异	11.35（2.50）	15.04（1.90）	16.37（2.36）	14.30（3.08）
平均值	10.52（2.37）	14.81（2.04）	16.58（2.06）	—

注：括号内为标准差（SD）。

（一）差异类别的主效应

差异类别的主效应边缘显著，$F(1, 68)=3.743$，$p=0.057$，句法差异类题目得分

(M=14.30, SD =3.08)高于语义差异类题目得分(M=13.75, SD =3.55),这说明学习者对近义词句法差异的习得比语义差异的习得好。

(二)汉语水平的主效应

汉语水平主效应显著,$F(2, 68)=75.901$,$p < 0.001$,说明汉语水平对学习者近义词差异的习得影响显著。对汉语水平使用LSD方法进行多重比较,结果表明,高级水平学习者的成绩(M=16.58, SD=2.06)显著高于中级水平学习者(M=14.81, SD=2.04),$p < 0.01$;也显著高于初级水平学习者(M=10.52, SD=2.37),$p < 0.001$。初级水平与中级水平学习者比较也发现,中级水平学习者的成绩显著高于初级水平学习者,$p < 0.001$。

(三)差异类别与汉语水平的交互效应

差异类别与汉语水平之间交互效应显著,$F(2, 68)=4.183$,$p < 0.05$,这说明在不同的汉语水平阶段,差异类别对学习者习得成绩的影响情况不同。通过简单效应分析发现,在初级水平阶段,语义差异类题目答题成绩显著低于句法差异类题目,$F_{初级}(1, 68)=10.39$,$p < 0.01$。而在中级、高级水平阶段,二者成绩差异均不显著,$F_{中级}(1, 68)=0.83$,$p=0.364$;$F_{高级}(1, 68)=0.69$,$p=0.409$。

第四节 分析与讨论

一 差异凸显度对近义词学习的影响

无论是差异敏感度测试还是选词填空测试都表明,不同水平的学习者对近义词句法差异的习得整体好于语义差异的习得。我们认为这与两类差异的凸显度有关。Hatch(1983)认为,第二语言中的一个特征对学习者来说是否凸显会影响某个语言点的习得难度。一般来说,特征越凸显,则越容易习得。由于句法方面的差异往往具有系统性较强的形式特征,凸显程度较高,因此更容易被学习者识别,而语义方面的差异由于缺少系统性规则,其辨识难度对于没有足够语言经验的二语学习者而言较高。邓守信(2003)也指出,语言点越不易类化,则习得的困难度越高。比如"运用"和"利用"都可以用于"技术""手段"等,但"运用"还常用于"理论""文字""方法""语言"等,而"利用"则多用于"时间""机会""条件""权力"等,二者的差异和使用限制较难根据某一属性归纳出系统的规则,因此学习者对这类差异并不敏感。以实验一的接受度判断为例。

(1) a.＊我要<u>运用</u>周末好好复习生词。
　　b.我要<u>利用</u>周末好好复习生词。

在正式施测前对汉语母语者的调查显示,例(1)的a句、b句的得分为-1.85和1.9。可见汉语母语者对二者差异非常敏感。而汉语二语学习者对二者使用正确与否并无把握,特别是对于a句,其平均判断得分仅为-0.63,处于"不知道"和"可能不正确"之间。其中初级学习者得分为-0.31,接近0,说明在初级阶段,学习者还无法分清二者语义上的差异。即使到了高级阶段,学习者对a句判断得分也仅为-1.25,这说明学习者已倾向于认为"运用"使用不当,但其确定程度与汉语母语者相比仍有较大差距。由此可见,对于汉语二语学习者而言,近义词语义差异的识别是一个难点,多数学习者对语义方面的差异并不敏感。

此外,各种句法差异的凸显度高低也会影响学习者对近义词差异的识别。一般而言,词性不同的近义词句法功能也不相同,相比词性相同的近义词,其句法差异的凸显度较高,容易识别。然而,在实验中发现,有的近义词虽然词性不同,但由于具有某些相似的句法特征,因此对学习者(特别是初中级学习者)来说也有较高的识别难度。例如"可怕"和"害怕"。前者是形容词,可以充当定语修饰名词;后者是心理动词,不能充当定语修饰名词。但由于二者都可受"很""非常""有点儿""有些"等程度副词的修饰,因此当前面出现这些程度副词时,学习者很容易混淆二者的用法。

(2) a.他常常给我讲一些很<u>可怕</u>的故事。
　　b.＊他常常给我讲一些很<u>害怕</u>的故事。

在初级阶段,有75%的被试(12名)认为例(2)的a句和b句"可能正确"

或"肯定正确"。通过测试后的个别访谈发现，学习者认为二者都可以受程度副词"很"修饰，因此用法也相同。此外，还有2名被试对a句和b句的接受度做出了反向判断，认为a句"肯定不正确"或"可能不正确"，b句"肯定正确"或"可能正确"。通过访谈发现，学习者已经意识到二者词性的区别，但由于二者均可受程度副词"很"修饰，因此分不清哪个是形容词，哪个是动词，导致判断错误。在中级阶段，我们没有发现与正确答案判断相反的情况，17名中级水平被试均认为a句是"可能正确"或"肯定正确"句，平均得分为1.41，但对b句的错误仍不敏感，平均得分仅为−0.12，仍有41%的被试（7名）认为b句"可能正确"或"肯定正确"。

相反，有的近义词虽然词性相同，但在句法分布上却有明显差异，这类近义词的差异学习者比较容易识别。如"以前"和"从前"，都是名词，但前者可以用在时间短语或动词短语后，如"三天以前""上课以前"等，后者则大多时候单独用在句首。对于这类句法位置分布差异较大的近义词，学习者的识别成绩较好。

（3）a.很多年<u>以前</u>，我曾经想过要当演员。
　　　b.*很多年<u>从前</u>，我曾经想过要当演员。

例（3）的a句在三个水平阶段的判断得分分别为1.56、1.58和1.69；而b句在三个水平阶段的判断得分则依次为−1.25、−1.41和−1.63。可见，学习者从初级阶段开始便能较好识别"以前"和"从前"的用法。

由此可见，差异凸显度对学习者近义词的习得具有重要影响。句法差异相对于语义差异而言，规则的类化程度更高，差异更凸显，学习者较早较易习得。同时，句法差异内部的凸显度也有高低之分，句法差异特征越显著，学习者的习得成绩则越好。

二　两类近义词差异识别能力的发展

虽然从整体上看，学习者对句法差异的习得好于对语义差异的习得。但随着汉语水平的提高，语义差异和句法差异的习得差距逐渐缩小。这种趋势在实验二中表现尤为明显。实验二中，初级阶段句法差异的答题成绩显著高于语义差异的答题成绩，而到了中高级阶段，二者的差异在统计学上已没有显著差异。这说明学习者在两类差异的识别能力发展上并不同步。在初级阶段，学习者已具有一定的句法差异识别能力，他们主要依赖句法上的线索区分近义词的用法，而语义差异的识别能力仍未发展。以实验二中"帮忙"和"帮助"的答题情况为例。

（4）A.帮忙　B.帮助　C.A、B都对
　　a.小李经常_____别人，所以有很多朋友。
　　b.听说阿里星期天要搬家，你去_____吗？
　　c.我来中国以后，他给了我很多_____。
　　d.我这两天有很多事情要办，你过来_____吧。

例（4）的a句和c句的答题可以依靠句法线索，如a句可利用"帮助"和"帮忙"是否可带宾语来判断，c句则可利用二者能否做名词来判断。b句和d句则没有明显的句法差异。结果发现，初级学习者回答a句、c句的平均正确率（60.9%）比b句、d句的平均正确率（41.3%）高出近20%。

在随机访谈3名初级被试中，a句均选择正确，给出的解释也大致相同。如1名被试回答："不能说'帮忙什么''帮忙我'这样的。"这说明被试是通过"帮忙"后能否加宾语来选择答案。同样，对于c句，也有2名被试选择正确，且这2名被试都提到前面有"很多"，所以要用"帮助"。由此可见，初级学习者确实能够利用一些句法线索来识别近义词的用法。对于没有显性句法线索的题目，学习者的选择则盲目许多。如在回答b句和d句时，3名访谈被试选择选项C（A、B都对）的次数多达4次（占66.7%），且没有被试能够说出b句和d句中二者的区别。

到了中高级阶段，b句和d句的正确率有了显著提高，且接近a句和c句的正确率。如在中级阶段，b句、d句的平均正确率为（64.6%）与a句、c句的平均正确率（68.9%）仅相差4.3%。到了高级阶段，语义差异和句法差异的正确率已

基本持平，b句和d句为85.4%，a和c为83.3%。随后的访谈也发现，中高级学习者通过语境等线索识别近义词语义差异的能力与初级水平学习者相比有较大提高。如1名中级被试回答："因为要搬家，所以很忙，用'帮忙'比较好。"还有1名高级被试则回答："'帮助'常常用在学习、困难方面，不是说搬家这样的事情。"赵新、李英（2009）指出，"帮忙"多是具体地做某事；"帮助"则是物质上的、精神上的或非具体的。从访谈结果可以看出，中高级学习者对于二者在语义上的这一差异已经基本掌握。

我们认为，学习者对两类差异识别能力发展的先后顺序符合学习者语言认知的一般规律。由于句法方面差异特征更凸显，因此首先被学习者觉察，习得较早；而语义方面特征无形式标志，因此必须在经过大量的语言输入后才能逐渐习得语义间的细微差异。

三 对近义词教学的启示

Nation（2001）指出，认识一个词包括多个方面，其中词形、意义主要通过显性学习（explicit learning）获得，而词的句法特征、组合搭配等知识主要依靠隐性学习（implicit learning）获得。但我们认为，对于近义词的学习而言，学习者如果仅仅依靠通过语言经验积累进行隐性学习，习得它们之间的细微差异非常缓慢。要想加速习得的过程，教师在课堂上必须加强对近义词差异的辨析，且在不同的学习阶段辨析的内容和策略应该有所不同。

在初级阶段，应该侧重辨析在句法特征上具有差异的近义词。温晓虹（2011）指出，教师的输入要适合学习者心理语言处理水平，否则即使教师在课堂上做了讲解练习，学生也无法习得。这里的实验结果证明，在初级水平阶段，学习者较容易习得近义词句法上的差异，而语义方面的差异则较难习得。因此在教学中应着重对句法方面的差异进行讲解。例如"改变"和"变化"，前者可以加宾语，后者则不能。又如"同样"和"一样"，二者同是形容词，但"一样"可以和"像""和""跟"搭配使用，构成"像/和/跟……一样"的句式，"同样"没有这样的用法。另外，"一样"可以充当谓语、补语，"同样"则不能（这两个房间的大小一样/*同样；他们两兄弟长得一样/*同样）。由于这些差异规则明确,因此通过教师的讲解学习者容易接受,而对于没有形式标志的语义差异,则在初级学习阶段不必花太多精力。

随着汉语水平的逐步提高,教师对近义词的辨析则不能仅仅满足于说明近义词句法范畴上的差异,而应该注意揭示近义词语义范畴的差异。这首先必须建立在大量的可理解性输入基础上。Krashen(1985)指出,语言习得的关键在于有大量略高于学习者现有水平的"可理解输入"(comprehensible input),一旦学习者获得足够的可理解输入并设法对其进行理解,习得就会产生。对于一些不具有显性句法差异的近义词而言,要想掌握其中细微的语义差别,更是需要在大量可理解性输入的基础上反复分析,判断,假设,比较,最后才能抽象出有关近义词差异的相关知识。其次,教师要设法创造典型语境让学习者在对比中发现语义方面的差异。如辨析"敬爱"和"亲爱"时,教师可以通过例句引导学习者注意二者修饰的对象,并从语义重点和适用对象上概括二者的差异:"敬爱"侧重因为尊敬而爱,对象是值得尊敬的人,如上级、长辈等;"亲爱"的"亲"表示关系近,由于关系远近没有辈分的限制,因此"亲爱"可以用在上对下、下对上或者平辈之间。只有通过细致分析和比较,学习者才能够真正把握近义词的区别。

第五节 结论与启示

本章通过两个实验对比了不同水平的汉语二语学习者对常用近义词语义差异和句法差异的习得情况。结果表明:

第一,从习得的整体质量来看,汉语二语学习者对近义词句法差异的习得好于对语义差异的习得;而在各种句法差异中,凸显度较高的差异点的习得又好于凸显度较低的差异点。这说明差异凸显度是影响学习者近义词习得的重要因素,差异凸显度越高,习得越容易。

第二,从习得的纵向过程来看,句法差异的习得早于语义差异的习得。在初级水平阶段，学习者更多地习得了句法方面的差异，但随着汉语水平的提高，句法差异和语义差异习得差距逐渐缩小，学习者不仅依靠句法线索区分近义词用法，而且能够通过上下文语境等对语义差异进行区分。

第三，不同教学阶段辨析重点应有所不同。初级阶段应侧重从句法线索上引导学习者区分近义词，随着语言水平提高，教师应设法通过大量输入和创造典型语境引导学习者逐渐掌握语义上的细微差异。

思考题

1. 根据你的教学经验，汉语二语学习者在习得近义词语义差异和句法差异时有哪些不同特点？

2. 请考察你收集的近义词偏误，看看语义偏误中哪些偏误比较多，句法偏误中哪些偏误比较多。

本编参考文献

敖桂华（2008）对外汉语近义词辨析教学对策，《汉语学习》第3期。

北京外国语大学英语系词典组（1995）《汉英词典》（修订版），北京：外语教学与研究出版社。

邓守信（2003）对外汉语语法点难易度的评定，《对外汉语教学语法探索——首届国际对外汉语教学语法研讨会论文集》，北京：中国社会科学出版社。

董燕萍（2005）《心理语言学与外语教学》，北京：外语教学与研究出版社。

高丽大学校民族文化研究所（1998）《中韩辞典》，首尔：高丽大学校出版社。

桂诗春（2000）《新编心理语言学》，上海：上海外语教育出版社。

国家汉语水平考试委员会办公室考试中心（2001）《汉语水平词汇与汉字等级大纲》（修订本），北京：经济科学出版社。

胡裕树（1995）《现代汉语》，上海：上海教育出版社。

黄伯荣、廖序东（1997）《现代汉语》（增订二版），北京：高等教育出版社。

李　珠、王建勤（1987）关于学生阅读理解失误的调查报告，《语言教学与研究》第2期。

李炅恩（2006）韩语动词알다与汉语"懂得、了解、明白、认识、知道"，中山大学课程论文。

李绍林（2010）对外汉语教学词义辨析的对象和原则，《世界汉语教学》第3期。

李晓琪（2005）《博雅汉语》，北京：北京大学出版社。

刘春梅（2007）留学生单双音同义名词偏误统计分析，《语言教学与研究》第3期。

鲁健骥（1987）外国人汉语词语偏误分析，《语言教学与研究》第4期。

鲁健骥、吕文华（2006）《商务馆学汉语词典》，北京：商务印书馆。

罗青松（1997）英语国家学生高级汉语词汇学习过程的心理特征与教学策略，《第五届国际汉语教学讨论会论文选》，北京：北京大学出版社。

孟祥英（1997）谈对外汉语教学中的近义词辨析，《天津师范大学学报》（社会科学版）第3期。

卿雪华（2004）留学生汉语习得近义词偏误研究——以泰国学生为例，云南师范大学硕士学位论文。

王　萍（1991）《现代日汉汉日辞典》，北京：外语教学与研究出版社。

温晓虹（2011）语言习得与汉语课任务的设计，《国际汉语》第1辑，广州：中山大学出版社。

吴门吉（2008）对欧美韩日学生阅读猜词策略的问卷调查研究，《云南师范大学学报》（对外汉语教学与研究版）第4期。

熊　锟（2007）心理词汇的表征与二语词汇习得中的跨语言影响，《外语学刊》第5期。

徐晓羽（2004）留学生复合词认知中的语素意识，北京语言大学硕士学位论文。

杨寄洲（2004）课堂教学中怎么进行近义词词语用法对比，《世界汉语教学》第3期。

张文界、黎克乔录（2001）《现代汉越词典》，胡志明市：科学社会出版社。

赵　新、洪　炜（2009）外国留学生汉语近义词偏误的考察与分析，《韩中言语文化研究》第21辑。

赵　新、李　英（1999）《中级汉语精读教程》，北京：北京大学出版社。

赵　新、李　英（2001）对外汉语教学中的同义词辨析，《暨南大学华文学院学报》第2期。

赵　新、李　英（2009）《商务馆学汉语近义词词典》，北京：商务印书馆。

赵　新、刘若云（2009）关于外向型汉语词典释义问题的思考，《语言教学与研究》第3期。

中国社会科学院语言研究所词典编辑室（2005）《现代汉语词典》（第5版），北京：商务印书馆。

Aitchison, J.（1987）*Words in the Mind: An Introduction to the Mental Lexicon*. Oxford: Basil Blackwell.

Collins, A.M. & Loftus, E.F.（1975）A spreading-activation theory of semantic processing. *Psychological Review,* 82, 407-428.

Edmonds, P. & Hirst, G.（2002）Near-synonymy and lexical choice. *Computational Linguistics*, 28, 105-144.

Hatch, E.（1983）*Psycholinguistics: A Second Language Perspective*. Rowley, MA: Newbury House.

Krashen, S. D.（1985）*The Input Hypothesis: Issues and Implications*. London: Longman.

Nation, I. S. P.（2001）*Learning Vocabulary in Another Language*. Cambridge: Cambridge University Press.

Treisman, A.M.（1960）Contextual cues in selective listening quarterly. *Journal of Experimental Psychology*, 12, 242-248.

下编 | 近义词的教学

本编要目

第十二章　关于近义词教学的调查与实验　225
　　第一节　关于近义词教学的调查与分析　225
　　第二节　教学实验：接受式教学与发现式教学　228
　　第三节　教学实验：预防式教学与治疗式教学　239
　　第四节　教学实验：分散式教学与集中式教学　245

第十三章　近义词教学的重点和难点　250
　　第一节　常用近义词——重点　250
　　第二节　主要差异——重点　251
　　第三节　用法复杂、差异多的近义词——难点和重点　256
　　第四节　偏误率高的近义词——难点和重点　261

第十四章　近义词教学的策略与方法　263
　　第一节　针对重点难点，反复讲练　263
　　第二节　综合运用多种教学方法　268

本编概要

汉语近义词二语教学的重点和难点有哪些？怎样确定是这些重点和难点？

近义词怎么教？教学中应当采用什么样的策略？具体有哪些教学方法和形式？这些方法和形式的效果如何？

以上这些问题是近义词教学的具体问题，目前尚未得到深入的研究，仅有少量经验式的论述，没有学习者的反馈，也没有通过实证研究对教学效果进行验证。

下编依据较大规模的问卷调查（了解汉语二语学习者的需求），三种教学实验（接受式教学与发现式教学实验；预防式教学与治疗式教学实验；分散式教学与集中式教学实验）以及关于近义词习得难度的考察（见中编），分析近义词教学的重点和难点，提出近义词教学的策略和方法。

第十二章 关于近义词教学的调查与实验

> 汉语二语学习者学习近义词的主要途径有哪些?
> 汉语二语学习者对近义词不同教学策略、方法等有何看法?
> 不同教学策略和方法的实际教学效果如何?

2008—2012年期间,针对近义词教学,我们在中山大学国际汉语学院进行了问卷调查和各种教学实验,对近义词教学的策略、教学步骤、教学方法、教学形式、不同类别近义词的习得难度等一系列具体的教学操作进行了探讨,为制定教学策略、选择教学方法提供依据。

问卷调查在中级和高级水平的学生中进行。教学实验采取两种形式,一是在中高级的精读课上进行,一是给中高级班开设近义词选修课,在选修课上进行专门的教学实验。本章主要说明问卷调查和教学实验的情况和结果。

第一节 关于近义词教学的调查与分析

一 调查目的与问卷设计

我们在中山大学国际汉语学院的留学生中进行了较大规模的问卷调查,目的是了解以下问题:学习者对汉语近义词学习难度的看法,学习者学习近义词的主要途径,学习者对近义词教学方法的看法,学习者对近义词教学形式的看法，学习者对近义词工具书的需求，等等。

中级班发出调查问卷58份，回收有效问卷56份；高级班发出调查问卷58份，回收有效问卷58份。

调查问卷如下：

调查问卷

1. 你认为汉语的近义词难度如何？

　　A.很难　　　B.比较难　　　C.一般　　　D.比较容易　　　E.很容易

2. 平时你是怎样了解近义词的差异的？

　　A.在课堂上听老师讲解　　　B.查词典　　　C.问老师或其他人

3. 你认为老师讲解近义词的区别对你掌握近义词有帮助吗？

　　A.很有帮助　　　B.有一些帮助　　　C.基本没有帮助

4. 你认为用哪种方法教近义词比较好？

　　A.老师先讲解，举例子，然后学生做练习。

　　B.学生先做练习，然后老师讲解，接着再做练习。

　　C.学生做练习，老师针对偏误讲解，没有偏误就不讲。

　　D.反复做练习，不需要讲解。

　　E.以上几种方法轮流使用。

5. 你认为用哪种形式学习近义词比较好？

　　A.集中处理：把几篇课文中的近义词集中起来讲解、练习。

　　B.分散处理：一篇课文中有几个近义词就讲解、练习几个。

　　C.分散和集中结合，平时分散学习，期中和期末再集中学习。

6. 你认为近义词需要讲解、练习几次才能学好？

　　A.反复讲解，反复练习　　　B.讲解、练习一次　　　C.讲解、练习两次

7.你希望有一本合适的汉语近义词词典吗?

  A.很希望   B.希望   C.无所谓

8.你认为有没有必要开近义词选修课?

  A.有必要   B.没有必要   C.无所谓

二 调查结果的统计与分析

  此次调查共发出问卷116份,有效回收114份,其中中级56份,高级58份。表12-1列出了调查的主要结果。

表12-1 调查问卷结果统计表

调查项目	中级（56份）	高级（58份）	平 均
近义词的难度	很难：28.6% 比较难：50.0%	很难：37.9% 比较难：41.4%	很难：33.3% 比较难：45.7%
学习近义词的途径	课堂：32.1% 查词典：32.1%	课堂：55.2% 查词典：19.0%	课堂：43.7% 查词典：25.6%
老师的讲解	很有帮助：51.8% 有一些帮助：48.2%	很有帮助：58.6% 有一些帮助：41.4%	很有帮助：55.2% 有一些帮助：44.8%
教学方法	先讲后练：62.5% 先练后讲：16.1%	先讲后练：63.8% 先练后讲：22.4%	先讲后练：63.2% 先练后讲：19.3%
教学形式	分散教学：25.0% 集中教学：35.7% 分散集中结合：39.3%	分散教学：37.9% 集中教学：48.3% 分散集中结合：13.8%	分散教学：31.5% 集中教学：42.0% 分散集中结合：26.6%
讲练的次数	反复讲练：50.0% 讲练两次：25.0%	反复讲练：77.6% 讲练两次：15.5%	反复讲练：63.8% 讲练两次：20.3%
近义词工具书	很希望有：44.6% 希望有：50.0%	很希望有：46.6% 希望有：43.1%	很希望有：45.6% 希望有：46.6%
开设近义词选修课	有必要：60.7%	有必要：62.1%	有必要：61.4%

通过对以上调查结果的分析,可以得出以下结论:(1)近80%的留学生学习者认为汉语近义词很难或比较难。(2)课堂教学对于近义词的学习是极为重要的。通过课堂学习是学习者学习近义词的主要途径,43.7%的学习者主要通过课堂学习近义词,所有学习者都认为老师的讲解对学习近义词有帮助。(3)近义词词典是学习者必要的工具书,是学习近义词的途径之一。25.6%的人通过查词典了解近义词的差异,超过90%的学习者希望有合适的近义词词典。(4)先讲后练和先练后讲是主要的教学方法,可以交替使用,63.2%的学习者认为先讲解后练习的方法比较好。(5)分散处理和集中处理的教学形式都是必要的。主张集中处理的学习者稍多于主张分散处理的学习者,26.6%的学习者主张分散和集中结合。(6)反复讲练是必要的,超过80%的学习者主张讲练两次以上。(7)有必要开设近义词选修课,61.4%的学习者认为有必要开设选修课。(8)中级水平学习者和高级水平学习者的看法、需求差别不大。

第二节　教学实验:接受式教学与发现式教学

关于近义词的教学,存在不同的看法:有人认为,近义词的差异相当复杂细致,在教学当中即使花费大量时间讲解和辨析,学习者也难以记住,所以主张不要在课堂上花过多时间对近义词进行辨析,让学习者在学习中通过大量语料自己体会,逐渐提高分辨近义词的能力。有人认为近义词的差异不能仅仅依靠学习者自然习得,课堂上教师的讲解对近义词的掌握也十分必要。

对于采取何种教学方式才更有利于学习者掌握近义词的用法,目前也没有一致的看法。究竟在课堂上是否需要对近义词进行系统讲解和辨析?如果需要,哪种方式更为有效?本节通过教学实验,对这个问题进行探讨。

一　接受式教学与发现式教学

从教育心理学的角度讲,学习者学习的方式大致可以划分为两大类:接受式学习和发现式学习。所谓接受式学习，是指学习者通过教师呈现的材料来掌握现成知识的一种学习方式。在这种学习方式中，学习者所要学习的内容基本上是由教师以定论的形式进行传授的，学习者不需要进行任何独立发现，只需接受或理解。发现式学习是与接受式学习相对的一种模式（孟庆男，2003）。这种模式最早由Bruner（1961）提出。Bruner认为，学习是一种过程，不是一种结果。教师应该让学习者参与获得知识的过程，让学习者通过一系列的发现行为去探究并获得所需要掌握的学习内容。

与学习者学习的两种方式相对应，在教学中也存在接受式教学和发现式教学两种方式。

根据我们的调查，目前汉语二语近义词辨析教学大都采用的是接受式教学方式。教师在课堂上灌输近义词的各种差异，学习者只是被动地记忆。这种方式虽然可以提高课堂教学速度，但教学效果却不见得好。有的学习者可能当时记住了教师讲解的差异，但自己在使用时还是经常犯错。这是由于被动的接受式学习并没有经过深层的认知加工，无法进入长时记忆。

我们认为，在近义词辨析时，可以尝试采用发现式的教学方式。在辨析A、B两个词语时，不要直接把二者的区别告诉学生，而是先分别列出典型例句，教师引导学习者对比两个词语所在的不同语境，让学习者通过比较发现近义词的差异。这种做法的好处在于增加了学习者的"投入量"，迫使学习者进行深度加工。Craik和Lockhart（1972）就曾指出，新的信息是否能够进入长时记忆的关键在于加工的深度（depth of processing）。Laufer和Hulstijn（2001）也认为，信息加工的质量取决于投入程度的高低。由于在发现式学习过程中，学习者的投入量比接受式学习要多得多，因此我们预测：采用发现式教学法教授近义词应该比接受式教学法效果显著。

本节通过实验研究验证以下问题：

问题1：对近义词进行多角度的辨析是否有助于学习者习得近义词？

问题2：接受式和发现式，哪种教学方式能够更有效地促进学习者近义词的习得？

二 实验方法与过程

（一）被试

中山大学国际汉语学院的63名中级水平留学生参加了此次实验，这些被试参加实验时已在校学习1—1.5年的汉语，每周学习时间为20课时（45分钟/课时）。其中实验组一21人，实验组二23人，对照组19人。之所以选择中级水平的被试，是由于在进入中级阶段的学习后，学习者开始大量接触近义词，且开始产生大量近义词误用偏误。为了避免各组被试母语分布不均可能对实验结果造成影响，我们对三组被试的母语背景进行了匹配，使各组中来自汉字文化圈与非汉字文化圈的被试比例大致相等（实验组一汉字文化圈被试14人，非汉字文化圈7人；实验组二汉字文化圈15人，非汉字文化圈8人；对照组汉字文化圈13人，非汉字文化圈6人）。

（二）实验材料

我们参考《商务馆学汉语近义词词典》（赵新、李英，2009）编制了10组近义词辨析材料，每组近义词的辨析材料包括三部分：差异规则说明、例句和练习。差异规则说明部分从语义、句法和语用三个方面对近义词差异进行简要说明。为保证被试能够理解实验材料，差异规则说明、例句及练习中所用的词汇均为学习者熟悉的初中级词。

（三）实验程序

实验时间跨度为七周，分四个阶段：前测（第1周），教学处理（第3周），后测（第4周），后续测（第7周）。

| 第1周：前测 | → | 第3周：教学处理 | → | 第4周：后测 | → | 第7周：后续测 |

图12-1 实验阶段

前测在第1周进行。目的在于测量学习者对近义词差异的掌握程度，并以此选择需要进行教学处理的近义词和被试。我们首先对16组近义词进行测试。测试方法是让学习者判断每个句子中画线的部分能不能用右列的词语。可用的打"√"，不可用的打"×"，不确定的打" ？ "。如：

	爱	喜欢
（1）爸爸_____很喝茶。	√	√
（2）这个孩子太_____哭了。	√	×
（3）如果没有_____，生活就没有意义。	√	×
（4）他太骄傲了，所以大家都不太_____他。	×	√

前测采取随堂测验形式进行，时间为40分钟。通过测试，我们从备选的16组近义词中选取了10组平均得分较低的近义词作为教学处理的目标词。然后，我们又筛选出在这10组近义词中单组得分率上均低于70%的被试作为正式实验被试[①]，共有63名被试符合实验条件。将63名被试分成三组，即实验组一（21人）、实验组二（23人）和对照组（19人）。实验组一和实验组二分别接受一种显性的近义词教学处理，对照组则接受隐性教学处理。三组被试的前测成绩无显著差异，$F(2, 60)=0.239$，$p=0.788$。

教学处理阶段从第3周开始，各组均采用在课堂上集体进行教学处理的形式进行。三组被试接受的教学处理如下：

实验组一采用接受式教学模式。教师直接向学习者讲解10组近义词的异同，并配以相应的例句。例句中的目标词以加粗涂红的字体显示，并在目标词下加下划线。在例句后以"√""×"形式说明与其他近义词的替换情况。在讲解后配以相应的判断改错练习。实验组一教学处理时间为90分钟。

实验组二采用发现式教学模式。教学实验材料与实验组一相同，但处理方式有异。教师首先要求学习者从每组近义词中选择一个适当的填入相应的句子中，学习者完成后教师公布正确答案，答案同样以加粗涂红的字体显示，并在例句后以"√""×"形式说明与其他近义词的替换情况。接下来教师引导学习者观察比较例句，让学习者尝试发现差异点，最后教师加以概括总结。由于在实验组二中需要花费较多时间引导学习者尝试发现规则，因此在教师概括总

[①] 事实上，仅有9名被试在10组近义词的得分当中有1—2组的正确率在60%—70%之间，其他54名被试各组近义词的正确率均低于60%，10组近义词的平均正确率约57%，接近随机选择水平。

结规则后，仅设置了少量的练习进行巩固，以保证与实验组一教学处理时间相等，即90分钟。

对照组不对近义词差异做任何显性讲解，只让学习者阅读包含有目标近义词的例句（即只做隐性的教学处理），时间约为20分钟。例句与实验组相同。

下面以"包括—包含"这组近义词的其中一个使用规则为例，说明实验组一、二的具体教学步骤。

在实验组一中，教师采用接受式教学法，直接用课件形式展示规则和例句。

【规则一】"包括"强调总括，主要从数量和范围来说，"包括"的对象可以是人，"包含"不行。

（1）包括他们两个在内，我们就有整整十个人了。（包含×）

（2）这件事大家都有责任，包括我自己。（包含×）

（3）参加话剧比赛的不包括留学生。（包含×）

讲解完规则一后，教师按照以上方式依次讲解其他规则。

在实验组二中，教师采用发现式教学法，先在课件中展示相应的例句，但隐去画线部分的内容，让学习者尝试用"包含"和"包括"填空。

（1）_____他们两个在内，我们就有整整十个人了。

（2）这件事大家都有责任，_____我自己。

（3）参加话剧比赛的不_____留学生。

学习者完成填空后，教师显示答案，并引导学习者观察目标词后的宾语有何特点。

（1）<u>包括</u>他们两个在内，我们就有整整十个人了。（包含×）

（2）这件事大家都有责任，<u>包括</u>我自己。（包含×）

（3）参加话剧比赛的不<u>包括</u>留学生。（包含×）

最后，教师归纳总结差异规则。

【规则一】"包括"强调总括，主要从数量和范围来说，"包括"的对象可以是人，"包含"不行。

完成规则一的讲解后，教师按照同样的方式依次讲解其他规则。

每讲解完一组近义词的所有差异后，两个实验组都有一定量的改错练习。但考虑到实验组二（发现式教学）讲解花费的时间较多，因此练习量比实验组一（接受式教学）少。

后测在教学处理结束后1周（即实验开始后的第4周）进行。后测与前测的题目形式相同，考察的差异点也相同，但为了减少练习效应，我们在同等难度的基础上替换了句中的一些词语。

后续测则是在教学处理结束后3周（即实验开始后的第7周）进行。测试方法以选词填空的形式进行，考察的差异点与前测和后测相同。

三 实验结果与分析

（一）实验结果

由于前测、后测及后续测题目数量不同，无法直接比较，因此我们以每次测试的正确率作为标准进行比较。统计结果如表12-2和图12-2所示。

表12-2 各组前测、后测及后续测正确率比较 （单位：%）

组别	前测	后测	后续测
实验组一	57.01（8.48）	81.18（9.31）	72.86（8.05）
实验组二	56.28（8.33）	85.73（6.18）	79.56（6.61）
对照组	57.94（6.12）	56.75（6.50）	60.18（6.89）

注：括号内为标准差（SD）。

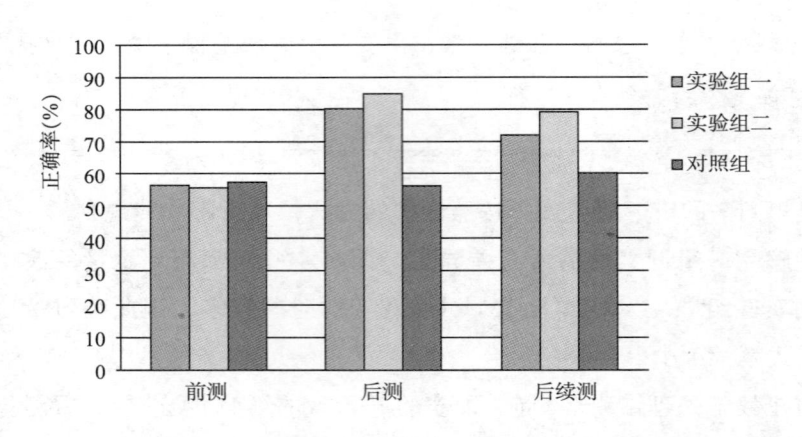

图12-2 各组前测、后测及后续测正确率比较

用SPSS15.0对以上结果进行分析，结果如下：

1. 进行教学处理和不进行教学处理效果比较

实验要解决的第一个问题是：课堂上教师对近义词进行多角度辨析是否能够有效促进近义词的习得？

通过比较前测、后测和后续测的正确率可回答以上问题。在前测中，三组被试的正确率分别为57.01%、56.28%和57.94%，成绩无显著差异，$F(2, 60)=0.239$，$p=0.788$。因此，只需对三组被试后测、后续测的正确率进行比较就可看出教学处理的效果。

在后测中，三组被试的正确率差异显著，$F(2, 60)=87.816$，$p<0.001$。事后多重比较分析表明，无论是实验组一还是实验组二，后测正确率（分别为

81.18%和85.73%）均显著高于对照组（56.75%），$p<0.001$。可见，无论接受哪种显性教学处理，其后测正确率均明显高于隐性教学处理。

对后续测成绩的统计检验也表明，三组被试的正确率差异显著，$F(2,60)=39.105$，$p<0.001$。事后多重比较分析也表明，实验组一、实验组二后续测正确率（分别为72.86%和79.56%）均显著高于对照组（60.18%），$p<0.001$。

可见，对近义词进行显性辨析确实有助于学习者习得近义词的差异，而且这种促进作用不仅在接受了教学处理后的短时间内有效，在经过较长一段时间后，效果仍然显著。

2.两种不同教学处理效果比较

实验要解决的第二个问题是：接受式和发现式的教学方式，哪种能够更有效地促进近义词的习得？

采用LSD检验进行事后多重比较，结果表明，实验组二后测正确率高于实验组一，二者差异达到显著水平，$p=0.048$。比较两组后续测成绩，发现实验组二的正确率也显著高于实验组一，$p=0.003$。可见，采用发现式教学处理方式效果好于接受式教学处理方式。从差异显著水平来看，在后续测中，二者差异更为显著，这说明在教学效果的保持方面，发现式教学处理方式的优势更加明显。

（二）分析与结论

1.课堂讲练有助于近义词的习得

教学实验的结果清楚地表明，无论是采用接受式还是发现式的学习方式，学习者对近义词的习得水平都较讲练前有了很大的提高。可见，课堂近义词讲练并非如一些教师所认为的那样无用，恰当的课堂讲练对于加快近义词差异的习得仍具有重要作用。

据我们在教学中的观察，如果没有接受专门的近义词讲练而仅仅依靠自然习得，学习者对近义词差异的习得非常缓慢。如在没有接受显性教学处理的对照组中，前测、后测和后续测正确率分别为57.94%、56.75%和60.18%，成绩并无显著提高。

造成这一结果的原因主要来自两方面。一方面是由于近义词本身差异细微，不易被觉察，而觉察是学习者习得差异的重要前提。如果学习者无法觉察到近义词之间的差异，则无法在使用中正确使用近义词。另一方面则是由于学习者对近义词用法的差异并不重视。在随后的访谈中发现，不少学习者认为近义词的语义差别不大，即使混淆，也不会造成交际困难，因此缺乏主动学习的意识。如果长此以往，很多词汇混淆的偏误就会"化石化"（fossilization），阻碍学习者二语水平的继续提高。相反，教师如能在课堂上就近义词的差异进行专门辨析，则能够引起学习者的注意和重视，习得的速度也会大大加快。实验结果显示，无论是采用接受式还是发现式的课堂辨析方式，学习者对近义词的习得水平都较辨析前有大幅度的提高。可见，课堂近义词辨析并非如一些教师所认为的那样无效，恰当的课堂辨析对于加快近义词差异的习得具有重要作用。

2. 课堂讲练中应设法增加任务投入量

实验结果表明，采用发现式教学的实验组二在后测、后续测中正确率显著高于采用接受式教学的实验组一，这说明发现式教学的效果显然比接受式教学的效果好。发现式教学的效果之所以优于接受式教学，是因为与接受式教学法相比，发现式教学法大大增加了学习者的任务投入量。两种教学法产生的教学效果差异主要是由投入量的不同造成的。投入量越大，近义词习得的效果保持得就越好。这可以用Craik 和 Lockhart（1972）提出的"加工深度假说"以及Laufer 和 Hulstijn（2001）提出的"投入负担假说"（involvement load hypothesis）进行解释。Craik 和 Lockhart（1972）认为新的信息是否可以进入长时记忆的关键并不在于在短时记忆中储存的时间，而在于加工的深度。Laufer 和 Hulstijn（2001）在此基础上提出了一套可用于量化加工深度的理论，即"投入负担假说"。该假说认为，任务投入量越大，词汇习得的效果就越好。而投入量的大小可以用需求（need）、查找（search）和评定（evaluation）三个因素来量化。"需求"指的是学习者学习动机方面的情感因素。"查找"主要是指寻求第二语言中生词的意义，如查字典、向老师请教等。"评定"则是对不同的词或同一词的各种意义或不同搭配进行分析和比较。

在实验组二，教师首先要求学习者对例句中的画线部分进行选词填空，这就增加了学习者了解近义词差异的需求。接着，要求学习者尝试通过分析和比较例句找出近义词的异同，这就涉及对词义的查找和搭配限制的评定。而在实验组一，教师不要求学习者先进行选词填空，因此从学习情感动机上看，实验组一对近义词的学习需求显然不如实验组二。此外，实验组一的学习者不必自己对近义词差异进行概括，因此在查找和评定因素上投入量也远不如实验组二。实验组二的高投入量激活了大脑中深层加工的机制，信息得以进入长时记忆，因此学习者对近义词差异的习得效果保持得更好。相反，由于实验组一投入量低，信息无法得到充分的深层加工，因此信息遗忘速率较快。有关增加投入量有助于词汇习得的观点也得到了其他实验证据的支持，如Newton（1995），Hulstiji et al.（1996），Paribakht 和 Wesche（1997），孙晓明（2005），周榕、吕丽珊（2010）等。

综上所述，我们认为，在进行课堂近义词教学时，不能仅仅依靠教师个人的讲解，还要通过设计一些教学活动增加学习的投入量，只有这样才能达到更好的教学效果。

3.课堂讲练中应增显视觉输入

增显视觉输入是促进教学效果的辅助方式。如在实验组一和实验组二中，我们采用加粗字体、涂红和加下划线的形式突出了目标词语，并在句末以"√""×"的形式说明近义词替换的情况，其目的是增显视觉输入，引起学习者对近义词使用差异的注意。已有研究表明，增显视觉输入和其他教学处理相结合能够更有效促进目标结构或词语的学习效果（Doughty，1991；Williams，1999；Izumi，2002；Rott，2007；周榕、吕丽珊，2010）。如周榕、吕丽珊（2010）通过实证研究发现，在阅读中增显视觉输入能引起学习者对搭配形式的注意。她们的实验表明，对阅读语篇的目标短语搭配设置下划线，可显著促进学习者对目标短语搭配形式的掌握。

因此，我们认为，增显目标近义词的视觉输入对近义词辨析教学也具有积极作用。在增加任务投入量的同时增显视觉输入，可更有效促进近义词教学。

4.课堂讲练并未改变近义词差异习得的顺序

虽然实验结果表明课堂辨析能够有效加快近义词习得的整体水平，但我们同时还发现，教学处理似乎并未改变学习者对近义词内部各类差异的习得顺序。这从另一个侧面证明了Pienemann（1984）的观点。

Pienemann（1984）提出，第二语言的可教性（teachability）受制于语言的可学性（learnability）。换句话说，语言习得要受到学习者对语言认知和语言处理能力的限制，因此有一定的先后顺序，不受教学处理的影响。在上一章中，我们比较了近义词差异的习得顺序，结果表明，一般而言，汉语二语学习者首先习得的是近义词显性的句法差异，然后才是隐性的语义差异。在本节的实验中，我们发现，这一结果并未由于教学处理的影响而发生改变。我们对语义差异题和句法差异题的回答正确率进行了进一步的检验。结果发现，差异类型的主效应显著，$F(1, 120)=7.931$，$p=0.007$，句法差异题的正确率显著高于语义差异题的正确率。并且，差异类型与教学处理方式的交互作用不显著，$F(2, 120)=0.266$，$p=0.768$。差异类型与测试时间的交互作用不显著，$F(2, 120)=0.475$，$p=0.623$。差异类型、教学处理方式及测试时间的三项交互作用也不显著，$F(4, 120)=0.201$，$p=0.937$。这表明无论是采取哪一种教学处理方式，在前测、后测和后续测中，句法差异题成绩好于语义差异题的总体趋势没有变化。

比如，"证明—证实"这组近义词，教师分别从语义和句法角度对二者进行辨析。（1）在语义上："证明"强调用具体、可靠的材料来说明情况或得出一个结论；"证实"强调通过实践、调查，说明原来的看法、以前的结论是真的、对的。（2）在句法上："证实"只能做动词；而"证明"既可以做动词，也可以做名词。"证明"可以做定语，构成"证明书""证明人""证明材料"等，还可以说"做证明"，"证实"没有这样的用法。

实验结果发现，在讲解了这些使用差异后，学习者首先掌握的仍然是句法上的差异。这从后测、后续测的回答情况便可说明。如在后测中，我们设置了以下四题考察被试对"证明"和"证实"的掌握情况，要求学习者判断句中画横线处应该填入哪个词。

                       证明　证实

（1）她不接你的电话，_____她不想见你。　　____　____
（2）小王上午来找过你，我可以给他作_____。　　____　____
（3）没有学校的_____信，你不能在这里上课。　　____　____

（4）人们发现他的预测最后都得到了_____。

题（2）、题（3）侧重考察二者在句法上的差异，题（1）、题（4）侧重考察二者在语义上的差异。结果发现，无论是实验组一还是实验组二，被试对于题（2）、题（3）的作答情况均好于题（1）、题（4）。表12-3为两组被试对"证明"和"证实"的回答情况。

表12-3　实验组一、二对"证明"和"证实"的回答情况　　（单位：%）

组别	题（1）	题（2）	题（3）	题（4）
实验组一	73.8	85.7	90.4	81.0
实验组二	80.4	89.1	91.3	82.6

在其他组题目的回答情况中，我们也发现了不少类似的情况。可见，教学处理虽然能够提高学习者对差异的习得水平，但没有改变学习者对各类差异习得的内在顺序。这正如Lightbown（1983）和Ellis（1989）所指出的，语言习得规律似乎不会受到教学的影响，不会因教学的介入而改变其发展顺序或跨越某个阶段。但语言教学得法可以加快习得速度，提高语言的准确度，最终达到语言习得的终点（Pienemann，1989；White，1991；Doughty，2003；靳洪刚，2011）。

第三节　教学实验：预防式教学与治疗式教学

上一节实验研究发现，教师在课堂上进行显性的近义词辨析教学对近义词差异的习得具有显著的促进作用。并且，发现式教学模式比传统的接受式教学模式更有利于促进和保持近义词的习得效果。本节将从另一个角度讨论两种教学模式——预防式教学与治疗式教学。

一 预防式教学与治疗式教学

所谓预防式教学，是指在教学初始通过某种教学方式（如接受式教学或发现式教学）将一组近义词的差异及使用条件系统地教授给学生，换言之，即在学生出现混淆偏误之前进行教学处理。所谓治疗式教学，则是一开始不进行系统讲解，先针对差异设计练习，让学习者做练习，针对练习中出现的偏误，再进行讲解或让学习者总结归纳出差异。也就是说，预防式教学讲解在出现偏误之前，治疗式教学讲解在出现偏误之后。

那么，预防式教学与治疗式教学哪种方式更有利于学习者习得近义词差异？本节将通过实证研究进行比较。需要说明的是，由于第二节的实验表明，发现式教学模式下近义词习得的效果更好，因此，本节将在发现式教学辨析模式下比较预防式和治疗式的教学效果。

二 实验方法与过程

（一）被试

本实验被试为29名中级汉语水平的留学生，分别来自越南、韩国、日本、菲律宾、印尼、泰国、法国、新西兰等国家。这些被试被随机分配在A、B两个班级。其中A班15人，B班14人。两个班级课程设置及使用教材均一致。

（二）实验材料

我们参考《商务馆学汉语近义词词典》（赵新、李英，2009）编制了10组近义词辨析材料，对各组近义词差异从语义、句法和语用三个方面进行了简要说明。为了保证被试能够理解实验材料，说明文字及例句均为学习者熟悉的初中级词。

（三）实验程序

本实验分为前测、教学处理及后测三个阶段，共持续四周。所有实验操作均在课堂上进行。

前测在第1周进行。目的在于测量学习者对近义词差异的掌握程度，并从中选择得分较低的近义词作为教学处理材料。我们首先从《汉语水平词汇与汉字等级大纲》初中级词汇中选取了26组近义词进行测试。测试方法是让学习者判断每个句子中画线的部分能不能用右边的词语。可用的打"√"，不可用的打"×"。

（1）看见这情景，我们都_____惊呆了。　　（被 √　让 ×）
（2）小王_____你帮他借本书。　　　　　　（被 ×　让 √）
（3）那几棵大树_____风吹倒了。　　　　　（被 √　让 √）

对前测中的26组近义词成绩进行统计，选取了10组平均得分较低的近义词作为教学处理的目标词，并记录下被试错误率较高的题目。

教学处理在第3周进行。A、B两个班级分别接受一种不同的教学处理。其中A班采用预防式教学处理，B班采用治疗式教学处理。

在预防式教学处理中，教师通过发现式教学法系统地对10组近义词进行辨析。下面以"每天—天天"这组近义词为例，说明教学过程。

1.显示例句，让学生思考，做出选择：

（1）我_____都是六点起床。

（2）阿里_____下课后都去操场打球。

（3）老张的饭馆_____的收入在1000元以上。

（4）_____的新闻我都听。

2.显示答案，并引导学生通过例句观察差异，发现使用规则：

（1）我每天都是六点起床。（天天 √）

（2）阿里每天下课后都去操场打球。（天天 √）

（3）老张的饭馆每天的收入在1000元以上。（天天 ×）

（4）每天的新闻我都听。（天天 ×）

3.显示使用规律:

【规则1】"每天""天天"都可以充当状语,表示"每一天、任何一天",有时可以互换。但"每天"还能充当定语,修饰名词。

接着重复以上过程,教授规则2:

1.显示例句,让学生思考,做出选择:

（1）这个机场_____进出的旅客约有10万人。

（2）那个通道_____开放4小时。

2.显示答案,并引导学生通过例句观察差异,发现使用规则:

（1）这个机场每天进出的旅客约有10万人。（天天×）

（2）那个通道每天开放4小时。（天天×）

3.显示使用规则:

【规则2】当"每天"要说明以"一天"为单位的情况时,不能换成"天天"。

重复以上方式对每一条使用规则进行讲授后,教师要求被试完成若干道同类的练习题,以达到复习巩固的目的。

在治疗式教学处理中,教师首先要求被试完成与前测题型和内容相近的练习题,然后根据前测中所记录的各题错误率情况,对各条使用规则做不同的教学处理。对于前测中错误率较低的题目（差异点）,则由教师简单地进行规则总结，而错误率较高的题目（差异点），则通过发现式教学法，逐步引导学习者发现二者之间的差异，让被试获得清晰的使用规则。

后测安排在教学处理后的1周进行。后测题型与前测相同，即让学习者根据语境判断能否填入备选的近义词。并且，后测所考察的差异点也与前测相同，只是在同等难度的基础上替换了题干中的一些词语。

三　实验结果与分析

（一）实验结果

对两组被试的前测、后测正确率分别进行统计，结果如表12-4所示。

表12-4　各组前、后测正确率比较　　　　　　　　　（单位：%）

组别	前测	后测
预防式	57.79（6.77）	78.04（7.51）
治疗式	59.58（8.21）	83.92（7.75）

注：括号内为标准差（SD）。

独立样本t检验表明，在前测中，两组被试的成绩无显著差异，$t_{(27)}=0.640$，$p=0.527$。这说明两组被试在进行教学处理前对近义词的掌握程度相当。因此，只要对后测成绩进行比较，则可看出两种不同教学处理方式的效果。对两组被试的后测成绩进行独立样本t检验，结果表明，采用治疗式教学方式的被试后测正确率显著高于采用预防式教学方式的被试，$t_{(27)}=2.073$，$p=0.048$。这说明在近义词教学中，治疗式教学方式效果优于预防式教学效果。

（二）分析与讨论

以上实验表明，对近义词辨析采用治疗式教学效果优于预防式教学。这可能与治疗式教学能够更多地集中认知资源有关。一组近义词往往具有多方面的差异，在预防式教学中，教师虽然通过引导学习者发现近义词差异，使学习者对各项差异有了较深的认知加工，但由于差异点较多，认知负担较重，认知资源分配较分散，因此学习者无法把有限的认知资源集中在容易出错的差异点上。相反，在治疗式教学中，教师对各项差异的辨析进行了区别处理。对于学习者已掌握得较好的、错误率不高的差异点，由教师进行简单的规则概括总结，这便降低学习者的投入负担，使学习者可以将更多的认知资源集中投入到错误率较高的差异点。对于错误率较高的差异点，教师则通过发现式教学的方式增加学习者的任务投入量，使学习者能够对相关差异点进行深层次的加工。可见，在治疗式教学中，学习者的认知资源得到了更合理的分配，因此加工的效果更好，更有利于掌握难点。

此外，由于在治疗式教学中仅对偏误率高的差异点进行发现式教学处理，而预防式教学则是对每个差异点进行教学处理，因此治疗式教学所花费的教学时间相对较短。从本次教学实验的实践来看，采用治疗式教学法比预防式教学法大约减少三分之一的教学时间。换言之，在教学讲解阶段，同样的教学时长中，治疗式教学法可以处理更多组近义词，教学效率更高。

但需要指出的是，治疗式教学也存在一些缺点。主要体现在以下两个方面：

第一，治疗式教学必须建立在教师充分了解学习者偏误的基础之上。在进行这种教学处理前，教师首先需要对学习者的偏误进行调查和分析，这使得整个教学过程需要分为两个阶段，难以实施连贯教学。此外，不同学习者的近义词偏误存在多样性，尤其是在班级人数较多的情况下，学习者偏误点的分布可能过于分散，此时治疗式教学便缺乏针对性，具体操作较为困难。相反，预防式教学则无需先对偏误进行调查，实际教学操作更加简单方便。

第二，由于在治疗式教学中对偏误率较低的差异点未做详细分析讲解，因此学习者对部分差异点的掌握不够牢固。本次实验发现，部分在前测中的错误率较低、未做细致讲解的差异点，在后测中的成绩有所下降。这表明学习者对于这些差异的认识可能还比较模糊，甚至在进行前测答题时存在猜测的可能，故当语境发生变化时，学习者便无法分辨这些差异。因此，我们主张，在治疗式教学当中，即使对于偏误率较低的差异点，教师也应进行适当程度的讲解，让学习者能够对这些差异点有更加清晰的认识，以进一步减少偏误的发生。

第四节 教学实验：分散式教学与集中式教学

一 分散式教学与集中式教学

从教学形式上说，近义词教学可以采用两种方式：分散式教学和集中式教学。

分散式教学是指近义词的教学分散在具体课程中，一般来说，近义词的教学主要由综合课（精读课）承担。课文中出现几个近义词就讲练几个，没有就不讲练。

集中式教学则是在学习者学习了一定数量的近义词后集中在一起进行讲练。集中教学有两种方式：一是在综合课中进行近义词集中教学，二是开设选修课进行近义词集中教学。

那么，在实际教学当中，这两种教学形式哪种实际教学效果更好？本节将通过教学实证研究对这一问题进行探讨。

二 实验方法与过程

（一）被试

本实验被试为28名中级汉语水平的留学生，他们学习汉语的时间约为1—1.5年，每周学习时间20课时（45分钟/课时）。这些被试被随机分配在A、B两个班级。每个班各14人。

（二）实验材料

我们从《阶梯汉语Ⅰ》（赵新、李英，2004）出现的近义词中选取了20组作为辨析材料，对各组近义词差异从语义、句法和语用三个方面进行了讲解。为了保证被试能够理解实验材料，说明文字及例句均为学习者熟悉的初中级词。

（三）实验程序

为了平衡被试差异可能对实验结果产生的影响，实验分两个阶段进行，每个阶段辨析词语数量为10组。第一阶段A班使用集中式教学，B班使用分散式教学；第二阶段A班使用分散式教学，B班则采用集中式教学。在分散式教学中，每次根据课文中出现的近义词选取2—3组进行辨析，在10天内完成10组近义词的辨析。而在集中式教学中，则是在两节课（90分钟）内集中辨析10组近义词。在每个阶段教学处理完成后，对A、B班均进行了后测和延后测。其中延后测与后测间隔两周。

即时测试和延时测试均采用选词填空的形式，要求被试根据句子意思选择正确答案填空。但为了避免练习效应，我们对后测和延后测题干的内容进行了替换，但保证题干中词语的难度基本一致，且所考察的差异点也一致。例如，针对"独特—特别"这组近义词，后测及延后测题目如下：

后测：

  A.独特 B.特别 C.两个都可以

（1）阿里很喜欢看小说，_____是爱情小说。

（2）这几天天气_____冷，你要多穿衣服。

（3）这道菜的味道非常_____，我以前从来没吃过。

（4）今天是一个_____的日子，因为今天是我20岁的生日。

延后测：

  A.独特 B.特别 C.两个都可以

（1）这个饭店的菜_____好吃，我们经常去吃。

（2）大卫很喜欢诗歌，_____是古代诗歌。

（3）今天电视台有一个庆祝春节的_____节目。

（4）这个手机的设计非常_____，我很想买一个。

三　实验结果与分析

（一）实验结果

对分散式教学与集中式教学后测、延后测正确率进行统计，结果如表12-5所示。

表12-5　两种教学处理方式后测、延后测正确率比较　　　（单位：%）

组别	后测	延后测
分散式	67.86（10.47）	62.95（11.33）
集中式	74.64（9.45）	67.41（10.28）

注：括号内为标准差（SD）。

重复测量方差分析表明：

教学处理方式的主效应显著，$F(1, 27)=4.765$，$p=0.038$，说明两种教学处理方式的教学效果具有显著差异，集中式教学效果显著好于分散式教学效果。

测试时间的主效应也显著，$F(1, 27)=10.023$，$p=0.004$，表明后测成绩与延后测成绩差异显著，延后测成绩显著低于后测成绩。

教学处理方式与测试时间交互效应不显著，$F(1, 27)=0.655$，$p=0.426$，表明无论是在后测还是延后测上，两种教学方式的差异趋势并无显著变化，即在后测和延后测上，集中式教学效果均显著优于分散式教学效果。

（二）分析与讨论

实验结果表明：集中式教学的效果显著优于分散式教学效果。由于在分散式教学中，实验材料是分不同时间进行辨析的，因此在进行后测时，大部分词语的讲解已经过了一段时间，而集中式教学所有实验材料是在同一时段内辨析后进行即时后测，考虑到遗忘的因素，不难预测集中式教学的后测成绩显著好于分散式教学。

即使是在两周后的延后测中，集中式教学的效果依然保持了优势。我们认为，这可能是由于集中式教学更容易引起学习者对近义词差异的注意，认知资源分配相对集中有关。在集中式教学中，学习者能够将所有的注意力都集中在近义词差异的学习上，因此学习效果较好。而在分散式教学中，每次进行教学处理的近义词仅为2—3组，且常常是在讲解生词或课文时穿插进行，辨析往往不够系统，学习者容易因其他方面的学习内容而忽略近义词用法的学习，故学习效果较差。此外，集中式教学也有利于教师进行更好的教学处理。在集中式教学中，教师能够根据不同近义词的特点进行重新归类和编排。例如，将不能替换的近义词和有时能替换有时不能替换的近义词分开进行讲解；也可以将具有同类差异的近义词，如均具有语义适用对象差异或句法功能差异的近义词进行归纳，这些都有利于学习者从不同的角度更好地记忆近义词的差异。相反，在分散式教学中，由于近义词数量较少，教师很难将具有一些共性的近义词差异进行归类讲练，这不利于学习者对差异规律的掌握。

近义词学习调查问卷（本章第一节）的结果显示，集中式教学比分散式教学更受学习者的欢迎。针对这一问题，我们对一些学习者进行了访谈，部分学习者指出，之所以更喜欢集中式教学是由于集中式教学一般是在学习完一个或者若干个完整教学单元后进行，这个时候进行集中式辨析不仅能够帮助他们复习所学生词，还能让他们深入了解相近词语的区别。而在分散式教学中，教师一般是在学习完生词后附带进行近义词辨析，这时由于学习者刚刚接触了新的词语，对新词的语义和用法还比较陌生，因此他们更希望将注意力放在新词语义和用法的学习上，而不是深究该词与其他词语的细微差别。还有一些学习者认为，集中式教学能够一次性了解多组近义词的差别，复习起来比较方便。

虽然集中式教学效果较分散式教学好，但集中式教学也存在一些不足。集中式教学一次辨析的数量较多，过多采用集中式教学可能会使学习者感到疲惫和厌倦。访谈中一些学习者就指出，如果一次讲解近义词的差异超过10组的话，就会很难集中精神继续学习，甚至会有烦躁的情绪。可见，在集中式教学中，必须控制每次辨析的数量，根据我们的经验，对于用法比较复杂的近义词，每个课时（45分钟）辨析数量应控制在5组左右，即使对于相对简单的近义词，每课时辨析数量也不宜过多。此外，在集中式教学中，尤其要避免教师"满堂灌"，应做到讲练结合，让学习者通过练习加强巩固近义词的用法。

最后还需要指出的是，虽然分散式教学效果不如集中式教学，但在实际教学中有时难以回避分散式教学。例如，有时教材中每课的课后练习中会出现若干组近义词，甚至有时学生在学习课文时会主动向老师询问两个词语的区别，这时便可能需要采用分散式教学。我们认为，采取分散式教学时可利用一些别的措施引起学习者的重视，如通过"发现式教学法"提高学习者的投入量，使其对近义词差异的相关知识进行深加工，以弥补分散式教学本身的不足。此外，还可以考虑采用分散式教学与集中式教学相结合的形式，比如在平时课文中进行了分散式教学后，定期对所学的近义词进行集中复习，以达到强化巩固的目的。

思考题

1. 请在教学中分别使用接受式教学和发现式教学两种方法，并对结果进行分析。
2. 请在教学中分别使用预防式教学和治疗式教学两种方法，并对结果进行分析。
3. 请在教学中分别使用分散式教学和集中式教学两种形式，并对结果进行分析。

第十三章　近义词教学的重点和难点

> 哪些是近义词教学的重点和难点？
> 如何把握近义词教学的重点和难点？

汉语近义词数量庞大，不可能都进行讲练。抓住重点和难点来进行讲练，才能收到好的效果。那么，哪些是汉语二语学习者的重点和难点？根据偏误分析和习得难度考察，我们认为有以下几个方面。

第一节　常用近义词——重点

汉语近义词数量庞大，对于汉语母语者来说，造成困惑的是那些比较书面化的、不太常用的近义词。然而，对于二语学习者来说，最容易造成混淆的、最需要掌握的是常用近义词。常用近义词使用频率高，对交际影响大，因此，在汉语二语教学中，我们要讲练的是常用近义词。那么，哪些是常用近义词呢？

我们认为，常用近义词主要是《汉语水平词汇与汉字等级大纲（修订本）》（国家汉语水平考试委员会办公室考试中心，2001）中的甲乙丙级词组成的近义词，以及《高等学校外国留学生汉语教学大纲》（国家对外汉语教学领导小组办公室，2002）中的初、中级词组成的近义词。例如，《高等学校外国留学生汉语教学大纲》中有初级词2599个，中级词2850个，共5449个，教学中需要处理的近义词应大致限定在这些词内。

不—没	别—不要	家—家庭	见—见面
爱—喜欢	年轻—年青	办法—方法	本人—自己
曾经—已经	不同—不一样	到—到达	读—念
立刻—马上	刚才—刚刚	美丽—漂亮	考虑—想
借口—理由	起—起来	出来—出去	

此外，还可以参考《新汉语水平考试大纲》（国家汉办/孔子学院总部，2009）中列出的1—5级词汇以及《汉语国际教育用音节汉字词汇等级划分》（国家汉办、教育部社科司，2010）中列出的普及化等级词汇和中级词汇。在教学中我们发现，这些常用近义词，学习者虽然在初级或中级阶段已经学过，但对于某些近义词之间有没有差异、有哪些差异、能不能互换、什么条件下能互换、什么情况下不能互换等问题，仍然弄不清楚，仍然会出现混淆，甚至有的近义词到了高级阶段还出现混淆。因此，常用近义词是教学的重点，应予以重视，反复讲练。

第二节　主要差异——重点

一组近义词的差异往往是多个、多方面的，很少是单个、单方面的。如果在教学中针对全部差异讲练，一来时间有限，二来学习者很难全都掌握，而且往往会产生畏难心理，从而影响他们的学习积极性。因而，近义词差异的讲练，不要求全，要抓住重点，即抓住主要差异。

近义词的差异是有区别的：有的差异管辖范围大，有的差异管辖范围小；有的重要，有的不那么重要。重要的、管辖范围大的差异，可称之为"主要差异"

或"区别性差异",弄清楚了这类差异,就能管住绝大多数偏误。在教学中,应当抓住近义词之间的主要差异、区别性差异进行讲练,这样就可以基本解决问题。其他差异可以先不管,如果学习者出现其他差异的偏误,再进行讲解。

相信—信任

【相同】

都可以表示认为正确、真实、可靠而不怀疑,在对象是人时可以互换:

(1)我一直那么相信你,你怎么可以骗我?(信任√)

(2)李先生为人诚实,大家都很信任他。(相信√)

【不同】

1."信任"的对象只能是人,后面的宾语只能是代词或名词;"相信"的对象包括人和事,后面可以是动词性词组或句子:

(1)不管别人怎么说,我始终信任你。(相信√)

(2)大家都相信你是个懂事的孩子,是不用大人操心的。(信任×)

(3)他从来都不相信这个世界有鬼。(信任×)

2."相信"的对象可以是自己,"信任"的对象一般是别人:

(1)你要相信你自己,你是有工作能力的。(信任×)

(2)我相信自己,我不需要别人的帮助。(信任×)

3."信任"还有名词的用法,"相信"没有名词的用法:

(1)我一定会努力工作,不辜负大家对我的信任。(相信×)

(2)父母对我的信任使我意识到我已经长大了,已经可以自己做决定了。(相信×)

4."信任"的前面可以有介词短语"对……","相信"没有这种用法:

(1)王乐对他的心理医生非常信任,什么都不对医生隐瞒。(相信×)

(2)他对你是完全信任的,你说什么他就做什么。(相信×)

在以上分析中，不同点1和2是主要差异，是重点；不同点3和4是次要的，可以少讲少练。

不—没

【相同】

都是副词，表示否定，都可以修饰动词和某些形容词。以下情况可以互换：

1.都可以用在动词前，但有一些不同："不"否定的是事物的性质或人的主观愿望；"没"否定的是事物的变化、经历或者动作行为发生的客观事实：

（1）他已经几天<u>不</u>来上课了。（强调主观上不愿意）

（2）他已经几天<u>没</u>来上课了。（强调"没有来"这一客观事实）

2. 都可以用在一些有变化过程的形容词之前，但有一些不同："不"否定事物具有某种性质或存在某种状态；"没"否定事物在性质状态上发生变化：

（1）今天的月亮<u>不</u>圆。（不具有"圆"的性质）

（2）今天的月亮<u>没</u>圆。（没有出现从"不圆"到"圆"的变化）

（3）牛肉<u>不</u>熟，再煮一会儿。（不具有"熟"的状态）

（4）牛肉<u>没</u>熟，再煮煮。（没有出现从"不熟"到"熟"的变化）

【不同】

1.用在动词性词语之前时，"不"多否定将来的、未发生的动作行为，也可以否定经常性或习惯性、规律性的动作行为；"没"多否定过去的、已经发生的动作行为：

（1）明天你们去吧，我<u>不</u>去。（将来，没×）

（2）他常常<u>不</u>吃早饭。（经常性，没×）

（3）这里从来<u>不</u>堵车。（规律性，没×）

（4）昨天我感冒了，没去上课。（过去，不×）

（5）昨天晚上没下雨。（过去，不×）

2."没"可以与"过"配合，"不"不能；"不"可以和"了"配合，"没"很少和"了"配合：

（1）我没去过北京。（不×）

（2）别等了，玛丽不来了。（没×）

3."不"可以用在性质形容词之前；"没"不能：

（1）不聪明　不漂亮　不舒服　不可爱　不真实　不复杂（没×）

（2）不高　不矮　不长　不短　不近　不远　不快　不慢（没×）

（3）她不聪明，但很努力。（没×）

（4）这几天我不舒服，在家休息。（没×）

4."不"可以用在所有的助动词之前；"没"只能用在"能、能够、敢"等少数几个助动词前：

（1）不要　不会　不得　不肯　不愿意　不可以　不应该（没×）

（2）不能　不能够　不敢　（没√）

（3）昨天你不应该迟到。（没×）

（4）你不愿意帮我就算了。（没×）

5."不"还可以用在"是、像、等于、属于、知道"等动词之前；"没"不能：

（1）不是　不像　不等于　不属于　不知道（没×）

（2）你长得不像你爸爸。（没×）

（3）我不知道他的名字。（没×）

在以上分析的"不—没"的5个差异点中，第1、2、3点是主要差异，是重点，教学时主要抓住这三点讲练，后面两点可以先不讲练。

驾驶—开

【相同】

都表示开动汽车、摩托车、飞机、轮船、飞船等交通工具，使跑起来、飞起来，有时可以互换。但"驾驶"较为正式，多用于书面语，"开"多用于口语：

（1）刘小姐每天驾驶着自己的汽车去上班。（开√）

（2）我弟弟的理想是开宇宙飞船。（驾驶√）

【不同】

1. 在口语中，一般都用"开"，不用"驾驶"。"驾驶"只用于书面语或正式场合：

（1）汽车我早就会开了。（驾驶×）

（2）这车是怎么开的？转弯怎么不打转向灯？你会不会开汽车？（驾驶×）

（3）我才开了一年汽车，还不是很熟练。（驾驶×）

2. "开"后面可以带单音节名词；"驾驶"后面一般不带单音节名词：

（1）开车 开船 （驾驶×）

（2）开轮船 开飞机 开汽车 （驾驶√）

（3）我自己开车去机场接朋友。（驾驶×）

（4）你学会开车了吗？ （驾驶×）

3. "开"后面可以带补语；"驾驶"不可以：

（1）小李刚把汽车开走。（驾驶×）

（2）你把车开过来吧。（驾驶×）

（3）汽车不能开得太快，容易出事。（驾驶×）

4."开"还可用于火车和机器,指控制、操纵火车、机器,使开始工作;"驾驶"一般不可以:

(1)李师傅已经开了三十多年的火车了。(驾驶×)

(2)他是开车床的,我是开钻床的。(驾驶×)

(3)这台机器我不知道怎么开。(驾驶×)

5."驾驶"还常充当定语,构成"驾驶员、驾驶证、驾驶执照、驾驶技术、驾驶室、驾驶舱"等;"开"无此用法:

(1)他的驾驶技术,你绝对可以放心。(开×)

(2)驾驶室里的温度太高了,我热得有点难受。(开×)

6."开"还有"打开"的意思,与"关"相对,可用于门窗、电视、电脑等;"驾驶"无此用法:

(1)别开门。(驾驶×)

(2)我刚想开电视,就停电了。(驾驶×)

(3)这几天我没开电脑,不知道邮箱里有没有邮件。(驾驶×)

以上分析的6点差异中,第1—4点是主要的,是重点;第5、6点是次要的。

总而言之,主要差异是近义词教学的重点。对待差异,应当"抓西瓜,弃芝麻",针对主要差异进行讲练。

第三节 用法复杂、差异多的近义词——难点和重点

教学中需要讲练的近义词主要有三类。

第一类意义相近,用法不同,任何时候都不能替换。如:

发达—发展　　抱歉—道歉　　出来—出去　　感动—感激

第二类意义相同，用法有同有异，有时能替换有时不能替换。如：

妈妈—母亲　　相互—互相　　何—什么　　　害怕—怕
关—关闭　　　难—难以　　　好像—仿佛　　不同—不一样
并且—而且

第三类意义相近，用法有同有异，有时能替换有时不能替换。如：

爱—热爱　　　按时—按期　　低—矮　　　　安排—布置
依照—按照　　安静—宁静　　尊敬—尊重　　丰富—丰盛

第一类近义词任何时候都不能互换，稍加讲练就可以解决问题，这样的近义词用法比较简单。第二类和第三类近义词有时可以互换，有时不能互换，这样的近义词用法比较复杂，学习者不易掌握。我们曾对这三类近义词进行教学实验（见本书第十章），实验的结果证实了我们的预测和分析。根据实验结果，第二类（意义相同有时可以替换）和第三类（意义相近有时可以替换）的习得难度显著大于第一类（意义相近但不能替换）。因此，在近义词的教学中，第二类和第三类近义词是难点，也是重点。

值得注意的是，在用法复杂的近义词中，有的差异少，相对容易掌握；有的差异多，不容易掌握，偏误出现多且持续时间长。差异多的如"工作—职业"，有5点差异。

工作—职业

1. "工作"主要指一个人进入社会，为一个单位做事并拿工资；"职业"没有这个意思。

（1）你能不能帮我在中国找一份<u>工作</u>？（职业×）

（2）这几年她换了好几次<u>工作</u>，现在在一家公司当会计。（职业×）

2．"工作"还可以表示在单位里具体做的事情、完成的任务；"职业"不能：

（1）今天下午开会，校长布置<u>工作</u>。（职业×）

3．"工作"还可以受名词修饰，表示某些方面的事情、活动；"职业"不能这么用：

（1）社会<u>工作</u> / 学生<u>工作</u> / 妇女<u>工作</u> / 教学<u>工作</u>（职业×）

4．"职业"充当定语，表示"以……为职业""专业的"或者"职业所具有的"等意思；"工作"充当定语，没有这个意思：

（1）<u>职业</u>道德 / <u>职业</u>眼光 / <u>职业</u>作家 / <u>职业</u>病 / <u>职业</u>妇女（工作×）

（2）<u>工作</u>单位 / <u>工作</u>压力 / <u>工作</u>负担 / <u>工作</u>计划（职业×）

5．"工作"还可以做动词；"职业"只做名词：

（1）他每天<u>工作</u>10个小时。（职业×）

又如"常常—通常"，也有5点差异。

常常—通常

1．如果句子中有明确表示过去或将来的时间词语，只能用"常常"；不能用"通常"：

（1）以前我<u>常常</u>和玛丽一起吃饭聊天。（通常×）

（2）以后我一定<u>常常</u>来看您。（通常×）

2．"常常"可以修饰单个动词或简单的短语；使用"通常"的句子一般需要说明与动作有关的情况、条件或结果，句子中要有表示时间、地点、方式、条件等的成分：

（1）公司常常开会。（通常×）

（2）公司常常星期五下午开会。（通常√）

3.用"通常"的句子可以表示对比；用"常常"的句子表示的只是一般的事实：

（1）我通常在家里吃饭，周末的时候才去外面吃。（常常×）

4."通常"可以放在句首主语前；"常常"不能：

（1）通常，这里晚上没什么人，可今天人很多。（常常×）

（2）通常我们先去酒吧喝酒，然后再去唱歌。（常常×）

5."通常"还可以修饰"情况、做法、方法"等词语，充当定语；"常常"不能：

（1）对待这种情况，公司通常的做法是罚款。（常常×）

有一些近义词差异很少，有的主要是语义的差别。如：

按时—按期 "按期"所指的时间主要是时段，"按时"主要是具体的时点。"按期"一般都可以换为"按时"，但"按时"不一定可以换为"按期"。在语义明确地指具体的时点时，只能用"按时"，不能用"按期"：

（1）早上八点上课，你要按时来，不要迟到。（按期×）

（2）明天下午3:00开会，请大家按时参加。（按期×）

有的主要是组合搭配的差异。如：

反倒—反而 "反而"前面可以出现"倒"，"反倒"前面可以出现"而"：

（1）吃了这种药，他的病不但没好，倒反而更严重了。（反倒×）

（2）今天风不但没停，而反倒更大了，气象台预报得不准。（反而×）

有的主要是句类句式的差别。如：

赶紧—赶快—赶忙　"赶紧""赶快"还可用于祈使句；"赶忙"只用于陈述句，不用于祈使句：

（1）你爷爷病得很厉害，<u>赶紧</u>送他去医院吧。（赶快√　赶忙×）

（2）上课铃已经响了，<u>赶快</u>进教室吧。（赶紧√　赶忙×）

有的主要是语体色彩的差异，可以互换。如：

如果—假若—倘若　"如果"最口语化，也可以用于书面语；"假若""倘若"书面色彩浓，用于书面语，口语中很少用；"倘若"比"假若"更书面化一些：

（1）你把东西给我送过来吧，<u>如果</u>有空的话。（假若√　倘若√）

（2）我们坐火车去北京吧。——<u>如果</u>买不到票呢？（假若√　倘若√）

（3）周末我们再去爬山吧。——<u>如果</u>到时候下雨呢？（假若√　倘若√）

（4）我周末陪你去买。——<u>如果</u>你又有事呢？（假若√　倘若√）

有的主要是语体和语义程度的差异。如：

惊奇—惊讶—惊异　表示的程度不同，语体色彩也不同。"惊奇"主要表示感到奇怪，表示的程度较轻；"惊讶"表示因感到意外而吃惊，并发出感叹声、流露出表情，表示的程度比"惊奇"高；"惊异"表示非常奇怪、不同寻常，表示的程度最高。"惊奇""惊讶"可用于口语和书面语，"惊异"多用于书面语：

（1）看到这个外国孩子会说流利的汉语，大家都非常<u>惊奇</u>。（惊讶√　惊异√）

（2）李老师做实验的时候，我们每一个人都<u>惊奇</u>地睁大了眼睛。（惊讶

√ 惊异√)

（3）从他的脸上我看到了惊奇。（惊讶√ 惊异√）

有的近义词主要是语体差异和组合搭配的差异。如：

如果—要是 "要是"多用于口语，"如果"口语、书面语都用。"要是"可以直接带名词、代词；"如果"要先加"是"，才能带名词、代词：

（1）要是别人，他就不会答应了。（如果×）

（2）如果是我的话，一定不同意。（要是×）

显然，差异少的近义词容易掌握，而差异多的近义词比较难掌握，是难点。因此教学中应当注意根据差异的多少、难易大小区别对待：差异少的近义词不需要花费多少时间，少讲少练；差异多的近义词需要多次反复讲练，多讲多练。如果采用集中教学，可以把差异少的近义词和差异多的近义词分别集中起来讲练。

第四节 偏误率高的近义词——难点和重点

在确定重点和难点时，除了考虑近义词常用性、差异复杂性等因素外，还必须考虑学习者的偏误情况。从学习者的角度来看，出现偏误最多的近义词是最容易造成混淆的，是学习的难点，也是重点。所谓偏误率高，是指偏误"不是偶尔出现的，而是经常出现的"，"不是个别学习者分辨不清，而是众多学习者普遍混淆的"（张博，2008）。如"常常—往往""会—可以"的偏误率就很高。

常常—往往

（1）*我往往去旅行。/ *这个学期，他往往迟到。（正：常常）

（2）*有一些学生往往不上课。/ *我往往没有带书来上课。（正：常常）

(3) *我<u>往往</u>问中国朋友:"这里附近有没有樱花?我要看一下。"(正:常常)

(4) *而有才能的、能干的、知识丰富的人<u>常常</u>都很谦虚恭顺。(正:往往)

会—可以

(1) *不过难句子还是不<u>可以</u>说,到现在还是要继续努力学习。(正:会)

(2) *这个山的旁边有一个亭子。你<u>会</u>休息一会儿。(正:可以)

(3) *如果我学习汉语,我<u>会</u>跟我的老板说话。(正:可以)

(4) *我为什么喜欢当老师呢?因为工作时间比较自由,除了有上课的时候以外,有空的话<u>会</u>休息。(正:可以)

偏误率高的近义词数量不少,再如"见—见面""看到—见到""会—能—可以""知道—认识—了解""又—再""懂—懂得""问—打听""想—考虑—着想""法—方式""立刻—马上"等。针对这类近义词进行讲练能够减少偏误,提高使用的正确率。

思考题

1. 近义词教学的重点和难点是什么?请根据教学经验进行补充。

2. 请根据中介语语料库中近义词的偏误列出一个近义词表,并统计出偏误率高、位于前10位的近义词。

第十四章　近义词教学的策略与方法

> 如何教近义词？有哪些策略和方法？这些策略和方法效果如何？在进行近义词教学时应注意哪些问题？

第一节　针对重点难点，反复讲练

怎样教近义词？有哪些有效的教学方法和教学形式？为了解决这些问题，我们进行了三个教学实验：接受式与发现式教学法的实验；预防式与治疗式教学法的实验；分散式教学与集中式教学的实验（见第十二章）。本章依据教学实验和教学经验，讨论二语教学中近义词的教学策略和方法，提出切实可行的教学建议，并给出近义词的教学实例。

上一章分析了近义词教学的重点和难点，这是近义词教学中的主要矛盾。在教学中应当抓住这些重点难点，有的放矢。简言之，就是要针对常用近义词中用法复杂、差异多、容易混淆的近义词进行讲练，其中重点抓住近义词的主要差异进行讲练。在教学中教师要对近义词区别对待，重点难点多讲多练，用法比较简单、差异少的少讲或不讲；特别要注意收集学生的偏误，针对偏误率高的近义词重点讲练，方能有效地消除偏误，解决二语学习者近义词学习中的主要问题。

用法复杂、差异多、容易混淆的近义词，得多次练习才能逐步掌握。反复讲练对语言学习有积极影响，这是由于短时记忆要转变为长时记忆，很大程度上取决于信息的强度和频率。复现的频率越高，新信息则越有可能转变为长时记忆（Stevik,E.，转引自王初明，1990）。艾宾浩斯（Ebbinghaus,H.）遗忘曲线表明：学习之后遗忘呈现先快后慢的规律（彭聃龄，1988），多练习是保持记忆的重要手段之一。

本书第十二章的调查问卷结果显示，84.2%的学生认为要讲练两次以上（高级班甚至达到93.1%）。洪炜（2013）分别在两个班进行了讲解一次和讲解两次的教学实验，结果显示：讲解一次组和讲解两次组的后测得分及延后测得分均显著高于前测，这表明课堂讲练对近义词的习得有显著效果；讲解两次组延后测得分显著高于讲解一次组，这表明讲解两次的教学保持效果显著好于讲解一次。

综合学生的意见和教学实验，近义词至少要讲练两次以上才有比较好的效果；而且练习的时间间隔不能太长，集中一些比较好。

要进行有效的讲解，进行反复的练习，就需要弄清近义词的主要差异，并根据差异设计大量练习，这很花费精力和时间。我们的做法是利用近义词词典进行讲练，选择词条的主要差异，把解释中的一些例句抽出来，变成练习，解释中只保留两三个例句。目前学界已出版多部针对汉语二语学习者的近义词辨析词典，这些词典提供了丰富的辨析角度和用例，这为教学带来了极大便利。下面是我们根据赵新、李英（2009）《商务馆学汉语近义词词典》和赵新、刘若云（2013）《实用汉语近义虚词词典》的词条变化而来的教学材料。

问—打听

【相同】

都指不知道、不了解某个人或某件事而向别人了解，有时可互换。

（1）有人问小王的情况。（打听√）

（2）我想打听一下，去中山大学怎么坐车？（问√）

【不同】

1.当面直接了解对方的情况用"问"，不用"打听"。"打听"是通过对方了解别的人或别的事。

（1）我要问一下你们俩的意见。（打听×）

（2）我想问你一下，你为什么花这么多钱买一辆自行车？（打听×）

2."问"还可以表示有不懂、不明白的问题请别人解答；"打听"没有这种用法。

（1）哪个汉字不认识，可以问呀！（打听×）

（2）我想问一下，这个字怎么读？（打听×）

3."问"可以带两个宾语，一个指人，一个指想知道的事；"打听"只带一个宾语，或者表示人，或者表示事情。

（1）阿里问了王老师一个语法问题。（打听×）

（2）我想打听一个人。（问√）

（3）我想打听一件事。（问√）

4."打听"的前面可以有介词短语"跟……""向……"；"问"没有这种用法。

（1）我想向你们打听一个人。（问×）

（2）有人总跟我打听你的情况。（问×）

【练习】

（1）你去_____一下，周末有没有舞会？

（2）有不懂的地方可以_____老师，也可以_____同学。

（3）你去_____一下，"漂亮"和"美丽"有什么区别？

（4）他来_____你关于朗读比赛的事。

（5）我想_____您一件事。

（6）老刘从来不_____别人的私事。

（7）我刚才忘了_____你的姓名。

本人—自己

【相同】

都指当事人自己,强调不是别的人。"本人"和"自己"都可以放在单数的"你、我、他"或人物名词之后组成同位语"A本人、A自己",常可互换。

(1)我自己并不想去,可妈妈非让我去。(本人√)

(2)小王自己已经同意了,你还有什么意见?(本人√)

【不同】

1."自己"可以指代复数的人;"本人"只可以指代单数的人。"自己"可以泛指任何人,还可以指代前面或后面提到的某个人;"本人"不能这么用。

(1)孩子们的事让他们自己解决吧。(本人×)

(2)把困难留给自己,把方便让给别人。(本人×)

(3)大家请坐,自己倒茶吧。(本人×)

2."自己"还可以指代动植物、物体、单位、国家等;"本人"只指代人。

(1)小鸟飞出了自己的窝。(本人×)

(2)这是俄罗斯自己的事,别国无权干涉。(本人×)

3."本人"可用于指说话人自己,相当于"我",有严肃、郑重的色彩,一般用于书面语或正式场合,可以单独充当主语,可以组成同位语"A本人"充当宾语;"自己"不能这么用。

(1)本人1992年毕业于北京语言文化大学。(自己×)

(2)这本书你一定要交给他本人。(自己×)

4."自己"还可以充当状语，修饰动词，表示"主动地、自己一个人"等意思；"本人"没有这个用法。

（1）小明今天<u>自己</u>上学去了，我没送他。（本人×）

（2）这事是小王昨天<u>自己</u>告诉我的，我没问他。（本人×）

【练习】

（1）这是他们_____的事，你不要干涉。

（2）这到底是怎么回事，连小张_____也说不清楚。

（3）遇到事情不能先考虑_____。

（4）看到_____的学生得了冠军，刘老师高兴极了。

（5）瓶子_____倒的，不是我弄倒的。

（6）_____昨天在操场丢失一个黑色书包，拾到者请交给中文系办公室。

（7）我没见到校长_____，只见到了他的秘书。

年轻—年青

【相同】

都表示年纪不大，指十几到二十几的年龄阶段，都可以充当定语、谓语，有时可以互换。

（1）<u>年轻</u>人朝气蓬勃，充满活力和热情。（年青√）

（2）他还<u>年轻</u>，还有机会。（年青√）

【不同】

1."年青"表示绝对意义的年纪小，只用于十几岁至二十几岁的人，不能用于中老年人，不可用于比较句；"年轻"表示相对意义的年纪小，可用于中老年人，可用于比较句。

（1）他爸爸虽然五十岁了，看起来还挺年轻。（年青×）

（2）你比我年轻多了。（年青×）

2."年青"只能用于人，不能用于物；"年轻"还可用于事物，表示事物产生的时间不长。

（1）深圳是一座年轻的城市，充满了生机和活力。（年青×）

【练习】

（1）他是个_____教师，缺少经验。

（2）这个_____人很能干。

（3）他今年六十，我今年五十，可他看起来比我_____多了。

（4）小王可能比小李_____几岁。

（5）我已经不_____了，身体也越来越差了。

（6）我们学校成立的时间不长，是一所_____的学校。

第二节 综合运用多种教学方法

一 接受式教学与发现式教学

接受式教学是让学习者被动地接受知识的一种教学方式，教师在课堂上讲解近义词的种种差异，学习者不需要进行独立发现，而只需接受或理解。

发现式教学是让学习者通过一系列的发现行为去探究并获得知识的一种教学方式。这种方法应用在近义词教学中就是在讲解A、B两个近义词语时，先不讲解两者的差异，而是分别列出使用A和B的典型例句，然后引导学习者对比两个词语出现的不同语境，通过比较逐步发现其差异。

下面我们以同一组近义词"见—见面"为例，看这两种教学法的具体实施。

（一）接受式教学实例

使用电子文本或纸质文本展示近义词的异同，先让学习者看解释，然后用例句进行说明，全部差异讲解完后做练习。请看"见—见面"其中一个差异的教学过程。

讲解：

【不同】1."见"可以带宾语，后面可以带"过""到""了";"见面"不能带宾语，不能带"过""到""了"。

举例：

（1）下午我要去见一个老朋友。（见面×）

（2）这个人我从来没见过。（见面×）

（3）我刚才见到刘老师了，他让我把这本书交给你。（见面×）

（4）前年在上海见了老李一次，以后再没见过。（见面×）

（二）发现式教学实例

把近义词做成PPT，将每一个异同分次显示例句、答案和解释：首先显示例句，让学习者思考并做出选择，是都可以用，还是可以用哪个，不能用哪个；然后显示答案，让学习者思考使用的条件；最后显示使用规律。全部差异讲解完后做练习。请看同一个差异的教学过程。

首先显示例句，学习者思考，做出选择：

（1）下午我要去_____一个老朋友。

（2）这个人我从来没_____过。

（3）我刚才_____到刘老师了，他让我把这本书交给你。

（4）前年在上海_____了老李一次，以后再没见过。

然后显示答案，并引导学习者通过例句观察差异，发现使用规律：

（1）下午我要去见一个老朋友。（见面×）

（2）这个人我从来没见过。（见面×）

（3）我刚才见到刘老师了，他让我把这本书交给你。（见面×）

（4）前年在上海见了老李一次，以后再没见过。（见面×）

最后显示使用规律：

【不同】1."见"可以带宾语，后面可以带"过""到""了"；"见面"不能带宾语，不能带"过""到""了"。

从以上教学实例可以看出：接受式步骤少，用时较少；发现式步骤多，用时较长。我们对两种教学法进行了调查，先讲解后练习即接受式，先练习后讲解即发现式。结果发现大多数学习者比较喜欢接受式，近三分之二的学习者认为先讲解后练习（接受式）的方法比较好。

虽然接受式可以提高课堂教学速度，学生也比较喜欢，但效果却不如发现式。我们对两种教学法进行了实验（见第十二章第二节），结果证明，在教学效果的保持上，发现式教学明显优于接受式教学。因为，新的信息是否能够进入长时记忆的关键在于加工的深度（Craik & Lockhart，1972），信息加工的质量取决于投入程度的高低（Laufer & Hulstijn，2001）。发现式的好处在于增加了学习者的"投入量"，迫使学习者进行深度加工，所以能使更多的知识进入长时记忆；而接受式教学学习者的"投入量"小得多，没有经过深层的认知加工，所以进入长时记忆的知识比较少。

我们认为，两种方法各有优劣：发现式能促使学习者进行大脑深加工，进入长时记忆，但用时较长，学习者投入量大，过多使用影响教学速度，学习者也容易疲劳厌学。另外，由于要对学习者进行恰当的引导启发，对教师的要求也比较高。而接受式方便快捷，可以提高课堂教学速度，学习者也比较欢迎。但知识的记忆，尤其是长时记忆不太理想。因此，两种方法不妨交替使用，兼顾教学速度和教学效果。

二 预防式教学与治疗式教学

在近义词教学中，一开始就用接受式教学法把差异讲给学习者，或一开始用发现式教学让学习者总结出差异及使用条件，这种在学习者出现偏误之前讲解的方法，我们称为"预防式教学法"。一开始不讲解，先针对差异设计练习，让学习者做练习，针对练习中出现的偏误，再进行讲解或让学习者总结出差异，这种方法我们称为"治疗式教学法"。简言之，预防式教学讲解在出现偏误之前，治疗式教学讲解在出现偏误之后。

第十二章第三节中，我们通过实验对预防式教学和治疗式教学进行了对比，结果表明，治疗式的效果显著好于预防式。治疗式教学法有两个明显长处：一是针对性强。由于治疗式教学的讲练是针对学习者自己的偏误进行讲练，针对性强，学习者更重视，认知资源更集中，效果更好；而预防式教学学习者的重视程度不够，认知资源较分散，效果差一些。二是节约时间。治疗式有错则讲，无错则不讲，这样就缩小了讲练的范围，有利于把更多的时间用在难点上。

但是，在教学中，治疗式不及预防式操作方便，教师要先让学习者做练习，并且需要批改练习、对学习者的偏误进行汇总分析，花费时间多，而且近义词的练习和讲解分为两次，不易实现连贯的教学。我们建议，可以在教学的不同阶段，分别采用不同的教学方法，比如，在开始学习时先用预防式，然后做练习，教师批改练习后再用治疗式针对主要偏误进行讲练。

发现式、接受式、预防式、治疗式这几种教学方法各有所长，各有所短。教学中综合使用这几种方法，可以形成互补，增进教学效果；同时也可以调节教学节奏和气氛。单一的方法会使学习者觉得单调沉闷。

三 分散式教学与集中式教学

从教学形式上说，近义词教学可以采用两种方式：分散式教学和集中式教学。

分散式教学是指近义词的教学分散在具体课程中,一般来说,近义词的教学主要由综合课承担。课文中有几组近义词就讲练几组,没有就不讲练。由于综合课要教生词,还要教语法,任务重,时间紧,没有很多时间去操练和讲解近义词,而且,综合课中近义词的讲解和操练也是简单的、零散的,数量和质量都远远不能满足学习者的需要。因此,只采用分散教学的方式进行教学是有局限性的。

集中式教学是指把近义词集中起来进行讲练。集中式教学可以充分进行讲解和练习,并且有利于总结规律,分类讲解和训练。集中式教学有两种方式:一是在综合课中进行近义词集中教学。综合课平时分散处理近义词,但分散处理讲练得少,学习者掌握得还不够好,如果在期末或期中挑选一些常用的近义词集中再练一次,就会得到巩固。由于平时已经练习过,集中训练可采用"治疗式"教学法,先做练习,然后针对出现的偏误再做一些讲解即可,不必细讲细练。二是开设选修课进行近义词集中教学。我们在中山大学国际汉语学院开设了近义词学习的选修课,对象为中级以上水平的留学生,每周2学时,共16周。每周大约可以处理近义词10组左右,16周至少可处理大约160组、320个左右。通过实践,我们认为开设选修课是学习近义词的一个好方式,可以处理比较多的近义词,可以比较充分地进行讲解和练习,可以有系统地按照科学的分类进行讲练,提高学习效率。

调查问卷结果显示,主张集中式教学的学习者比主张分散式教学的多一些(多10%),有近三分之一的学习者主张集中和分散结合。有三分之二的学习者认为有必要开设选修课,这其实也表明了学习者对集中式教学的需求。

我们对集中式教学和分散式教学两种形式进行了实验(见第十二章第四节),在两个平行班分别使用不同的教学形式,实验结果表明:集中式教学的效果显著优于分散式教学效果。我们认为,这可能是由于集中式教学更容易引起学习者对近义词差异的注意,认知资源分配相对集中,因此教学效果较好。

虽然分散式教学在效果上不如集中式教学,但由于近义词的教学主要由综合课承担,每课的练习中有时难免会分散出现若干组近义词,因此教学中无法完全抛弃分散式教学。我们认为,分散教学与集中教学相结合是比较合理的教学形式，既有细水长流的输入，又有倾盆大雨的强化，既可保证近义词学习的数量，又能加深记忆，增强效果。

思考题

1. 近义词教学的方法和形式有哪些？请根据你的教学经验进行补充。
2. 接受式教学与发现式教学各有什么长处和短处？
3. 预防式教学与治疗式教学各有什么长处和短处？

本编参考文献

洪　炜（2013）汉语近义词的二语习得与教学研究，中山大学博士后出站报告。

靳洪刚（2011）现代语言教学的十大原则，《世界汉语教学》第1期。

孟庆男（2003）对接受式学习与发现式学习的比较分析，《中国教育学刊》第2期。

彭聃龄（1988）《普通心理学》，北京：北京师范大学出版社。

孙晓明（2005）投入因素对欧美学生汉语词汇学习的影响，《语言教学与研究》第3期。

王初明（1990）《应用心理语言学》，长沙：湖南教育出版社。

王初明（2010）互动协同与外语教学，《外语教学与研究》第4期。

王初明（2011）外语教学三大情结与语言习得有效路径，《外语教学与研究》第4期。

赵　新、李　英（2009）《商务馆学汉语近义词词典》，北京：商务印书馆。

赵　新、刘若云（2013）《实用汉语近义虚词词典》，北京：北京大学出版社。

周　榕、吕丽珊（2010）输入增显与任务投入量对英语词汇搭配习得影响的实证研究，《现代外语》第1期。

Bruner, J. S.（1961）The act of discovery. *Harvard Educational Review*, 31, 21-32.

Craik, F.I.M. & Lockhart, R.S.（1972）Levels of processing: A framework for memory research. *Journal of Verbal Learning and Verbal Behavior*, 11, 671-684.

Doughty, C.（1991）Second language instruction does make a difference.

Studies in Second Language Acquisition, 13, 431-469.

Doughty, C. & Long, M.H. (eds.) (2003) *Handbook of Second Language Acquisition*. New York: Basil Blackwell.

Ellis, R. (1989) Are classroom and naturalistic acquisition the same? A study of classroom acquisition of German word order rules. *Studies in Second Language Acquisition*, 11, 305-328.

Hulstijn, J. H., Hollander, M. & Greidanus, T. (1996) Incidental vocabulary learning by advanced foreign students: The influence of marginal glosses, dictionary use, and reoccurrence of unknown words. *Modern Language Journal*, 80, 327-339.

Izumi, S. (2002) Output, input enhancement, and the noticing hypothesis: An experimental study on ESL relativization. *Studies in Second Language Acquisition*, 24, 541-577.

Laufer, B. & Hulstijn, J. (2001) Incidental vocabulary acquisition in a second language: The construct of task-induced involvement. *Applied Linguistics*, 22, 1-26.

Lightbown, P. M. (1983) Exploring relationships between developmental and instructional sequences. In H. W. Seliger & M. H. Long (eds.), *Classroom-oriented Research on Second Language Acquisition*. Rowley, MA: Newbury House.

Newton, J. (1995) Task-based interaction and incidental vocabulary learning: a case study. *Second Language Research*, 11, 159-177.

Paribakht, T. S. & Wesche, M. (1997) Vocabulary enhancement activities and reading for meaning in second language vocabulary acquisition. In J. Coady & T. Huckin (eds.) *Second Language Vocabulary Acquisition: A Rationale for Pedagogy*. Cambridge: Cambridge University.

Pienemann, M. (1984) Psychological constraints on the teachability of languages. *Studies in Second Language Acquisition*, 6, 186-214.

Pienemann, M. (1989) Is language teachable psycholinguistic experiments and hypotheses? *Applied Linguistics*, 10, 52-79.

Rott, S. (2007) The effect of frequency of input enhancement son word learning and text comprehension. *Language Learning*, 57, 165-199.

White, L. (1991) Adverb placement in second language acquisition: some effects of positive and negative evidence in the classroom. *Second Language Research*, 7, 133-161.

Williams, J. (1999) Memory, attention, and inductive learning. Studies in *Second Language Acquisition*, 21, 1-48.

后　记

这本书是我们这些年研究汉语近义词的一个总结。

2004—2012年我们先后编写了《商务馆学汉语近义词词典》和《实用汉语近义虚词词典》两部外向型汉语近义词词典，其间对汉语近义词及其研究状况进行了比较深入系统的梳理，积累了一些资料，进行了一些实验和调查。于是开始撰写这本关于汉语近义词的专著，从汉语二语教学这个视角来对汉语近义词进行考察和分析。由于词典编写工作十分繁杂，这本书的撰写因此时断时续，在2012年完成《实用汉语近义虚词词典》的全部编校之后，才得以集中精力，完成此书。本书的撰写分工如下：

第一章第一节，第二章，第四章，第五章第四、五节，第十三章，第十四章——赵新

第一章第二节，第九章，第十一章，第十二章第二、三、四节——洪炜

第三章，第五章第一、二、三节，第十二章第一节——张静静

第六章，第七章——赵新、洪炜

第八章，第十章——洪炜、赵新

最后由赵新统稿。

本书付梓之际，首先感谢中山大学提供出版资金，给本书的出版以强有力的支持！

感谢中山大学国际汉语学院诸同事在教学实验和调查方面给予的支持和配合！

中山大学国际汉语学院周小兵教授对本书的撰写和出版一直十分关心，提出了许多宝贵的意见，给予了大力的支持和帮助；中山大学中文系李炜教授欣

然为本书申请资助撰写推荐意见。在此表示诚挚的感谢!

感谢商务印书馆的袁舫女士和李智初先生对本书的关心和支持!

从事第二语言教学的工作,使得我们有机会从一个新的角度来考察和认识汉语近义词,从中发现问题,进行探索。限于水平,本书中的观点或有不当之处,敬请各位同道指正。

作者

2014年2月于中山大学